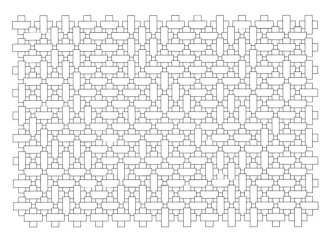

すてきな素敵論

松浦弥太郎

講談社+α文庫
プラスアルファ

まえがき

「おとこまえ」な男とは、どんな男なのでしょう。

僕が少年の頃、「おとこまえ」な男はたくさんいました。やせ我慢をしても美しくあること。つらい気持ちもさらりと隠して、つねに強くあること。

ところが、そんな「おとこまえ」な生き方は、今や遠いものとなりつつあります。ストレス社会のせいでしょうか、男性も女性も、衣食住すべてにおいて、「できるだけ楽《らく》がよい」という風潮があります。

しかし、「おとこまえ」な男が消えてしまったわけではありません。

僕が日々生活しているなかに、仕事をしていて接するなかに、そんな男たちはたしかにいるのです。

日々の暮らしを大切にしている人、自分を厳しく律している人、成功しても初々《ういうい》しさを忘れない人。

彼らは本当にすてきだし、社会から信頼され、そのぶん、あらゆる方法で社会貢献をしています。

男女の関係においても、「女性の荷物を持ってあげるのがやさしさだ」というものとは違う、他人への本質的な思いやりを知っています。

「おとこまえ」で、知的で教養ある大人が、今こそ必要だ――これに気がついているのは、男性というよりも、女性のほうなのかもしれません。

言うまでもなく、僕自身はまだまだ、「おとこまえ」にはほど遠い存在です。

しかし自分の憧れであり、「おとこまえ」だなあ、と常々ため息をついている大人の男たちから学んだことを、ひっそりと宝物にしています。

いつの日か、少しでも身につけられたらと、宝物を自分なりにアレンジして、試行錯誤を繰り返しているのです。

そんな「おとこまえ」について、僕はあなたと語り合い、分かち合いたい。一緒に今の時代に馴染《なじ》む、新しい大人のかっこよさをつくっていきたい。マナーをわきまえ、礼儀と誠実さを備える男が増えれば、世界がもっと住み心地のいい場所に変わるかもしれない。

そんな願いで、この本のヒントとなるメモをつくっていきました。

メモがいくつかたまっていくうちに、すてきな男たちの行動が見えてきました。振る舞い、作法、持ち物、所作、習慣、学び。

「これって、僕の好きなタイプの男だな」と改めて感じました。同時に「これは女性にとってのパートナー選びの参考になるのではないだろうか」という気がしてきたのです。

恋愛がまじってくると、誰でも理性より感情が先に立ちます。

人間も生き物である以上、本能的なものも溢《あふ》れ出してくるもので、異性に対して「その人が人間として魅力的か」と立ち止まって冷静に考えることは、案外できません。感受性がとぎすまされていて、自分の心に正直なぶん、女性はその傾向が強いかもしれません。

しかし同性であれば、男と男であれば、わりに人間としての魅力に気づきやすい。そして女性でも男性でも、同性に好かれる人は、異性としても人間としても魅力的な人です。

男である僕が「すてきだな」と思う、「おとこまえ」な男が、どんな男なのかを紹介することで、女性たちが「どのようなパートナーと人生を共にしたいか」、あるいは「愛するパートナーは人間としてどんな面をもっているか」と、自問するヒントにしてほしい。

そんなことを思いました。

タイプは人それぞれ。感情も人それぞれ。

僕が言うことは、絶対ではありません。

ここに書いたすべてを兼ね備えた完璧な男などいないでしょう。

仮にいたとしても、全員がその人を目指す必要はないし、女性がそんな男性を探す必要もありません。

自分なりの「おとこまえ」観や、自分なりのパートナー選びの参考にしていただく、そのくらいが、ちょうどいい気がします。

この本は、あなたが考えるためのきっかけであり、スイッチにすぎません。

大切なのは読んだ後にひろがる、あなたの気持ちと思索。

そして、豊かな人間関係の広がりだと思って、この本を書きました。

さて、「すてきなおとこまえ」とは、どんな男なのでしょう。

松浦弥太郎

本書は、二〇一四年一一月に小社より刊行された『僕の好きな男のタイプ』を文庫収録にあたり改題し、加筆、修正したものです。

SECTION 1

愛するおとこまえ

SECTION 2　すてきなおとこまえ

SECTION 3

基本のおとこまえ

SECTION 4 磨くおとこまえ

SECTION
1

愛するおとこまえ

照れない男

シャイというのは、確かに男の魅力かもしれません。

けれども、何もかもがシャイである男は困りものです。シャイという照れ屋であることを理由に、何でも苦手と言い訳して尻込みする男はどうでしょう。

普段は静かに大人しくしているけれど、いざという大事なときには、どこにそんな大胆さがあったのかと驚かれるくらいの、人一倍の自己表現や行動力を見せる男でありたいものです。そういう男は誰からも信頼されるものです。

男女の恋愛関係においても同様で、付き合う前は、一生懸命に照れずに自分をアピールしていたはずが、付き合い始めた途端に、そういった意思表示や行動を急に慎《つつし》むようになり、なぜかと問うと、その理由を、自分は照れ屋であるからと、誤魔化《ごまか》す輩《やから》も少なくありません。

アメリカ人のように年がら年中、好きだの、愛しているだのと言う必要はありませんが、人間というのは言葉でいくらでも酔える動物です。それなりのスキンシップや、それなりの言葉や、態度による、適度な愛情表現はなくてはならないと思います。しかも、それは男女の恋愛関係だけではなく、日常における、人と人とのコミュニケーションの基本、すなわち、想像力を働かせた先にある、あたたかい心による思いやりでもあるのです。

いつもいばって、あれもできる、これもできると言っているくせに、いざというとき、席を外して居なくなったり、目を逸《そ》らしたり、下を向いてしまうような男には注意です。「君に任せた」という言葉をひんぱんに使うのも、どうしたものかと思います。

照れずに挨拶ができること。照れずに感動し、喜ぶこと。照れずに自分の気持ちを言葉や文章で伝えること。照れずに手をつなぐこと。照れずに、キスをし、抱きしめること。

そういうことを臆せずできる男は、仕事においても、暮らしにおいても、安心して頼れる男です。トラブルからも逃げないでしょう。

照れない男は、チャンスも逃さないので、勝負にも強い。僕はそんな男は大好きになります。

甘えない男

自分にとって、一番の味方。それが恋人や友人、配偶者や家族、パートナーであると僕は思います。理解者であり、弱みをさらけ出し、夢を語れる相手です。

「自分のことをわかってもらえる」

これは誰にとっても深い喜びであり安心ですが、勘違いしてはなりません。

大切なのは、お互いが自分の足で立ち、お互いに尊重し合う二人が、協力し合うということ。

相手にもたれかかるのとは違います。背負ってもらうのも違います。何でも放り込んでいいごみ箱みたいに、愚痴や不満のはけ口にしてもいけません。

街を歩いていると、恋人同士なのに、一緒にいる姿が男の子とお母さんのように見える二人を見かけることがあります。駄々をこねたり、ふくれっ面《つら》したり、何か世話をしてもらったりする男と、それを受け入れる女性。逆にいばってみせる男もいますが、「ずいぶん甘えているな」と僕は感じます。

一般に男性よりも女性のほうが大人なので、男はいばっているようでも恋人や妻には甘えてしまうのでしょう。まるで、何でも許してもらえる魔法のカードを手に入れたかのように。

女性でも、「恋人なのだから」と真夜中に呼び出したり、相手がメールにすぐ気づかないと言って、腹を立てたりする人がいます。相手は恋人であって保護者ではなく、自分は大人の女性であって少女ではないことに気づいていないかのように。

出会いがあって、お互い惹《ひ》かれて、特別な関係を築いた二人。その二人が相手を親代わりのごとく、頼ったり、依存したりしてしまうのは案外よくあることです。「いけない、いけない」と、ときどき注意したほうがいいでしょう。

一緒に成長していく、一緒に生きていく大切な個人。そんなスタンスを保つよう意識すれば、自分の荷物は自分で持ち、毅然《きぜん》と歩くようになるでしょう。

恋人とは、互いを生かし合う特別な人であり、都合のいい人ではないと、甘えない男はよく知っています。

待てる男

僕たちは常々、スピードに支配されて生きています。

タクシーに乗るなら最短ルート。急行と各駅停車があれば、迷わず急行に乗る。レストランもお店も待たせないことが最上のサービスだし、イエス・ノーの結論は素早く出し、メールの返事は読んだ瞬間に返して当たり前。

スピード至上主義ともいえるやり方は、仕事であればプラスも大きいでしょう。

しかし人間関係、とくに男女の恋愛関係にスピードを求めると、大事な部分がこぼれ落ちていきます。


たとえば「僕はこう思うけど、君は?」と気持ちを問うとき。返事を急《せ》かしてしまうと、相手を追いつめることになります。

大切なこと、微妙なこと、真剣に考えたいことは、必ずしも即答できません。自分の心にそっと問いかけ、考えるためには一定の時間が必要です。

じっくり考え、悩んだ末に答える人もいれば、じっくり考えたあげくに何も答えない人もいます。ここで、前者を「反応が悪い人」、後者を「はっきりしない人」だと決めつけるのは、なんとも乱暴な話です。

こうした人たちは、考えるのが面倒くさくてその場しのぎの聞こえのいい言葉をぱっと答える人たちより、よほど誠実かもしれないのです。

恋愛というのはある種とても面倒くさいことです。相手のことを理解するには時間がかかるし、手間もかかります。

じっと待つということは、愛情のあらわれです。

種を蒔《ま》き、芽生え、花ひらくまではかかる時間がきまっています。つぼみを無理矢理こじ開けたら、萎《しお》れてしまっておしまいです。

自然と答えが出るまで黙って待つ。どんなときでも急かさない。

実はせっかちな僕にとって、こんな男はたまらない憧れでもあります。

与え合う男

一人で生きていけない人が、人と一緒に何かできるはずがありません。一人でいられない人が、二人でいられるはずもないのです。

僕が好きなすてきな男は、まず一人でいる訓練をしています。そうして自分の力を蓄えたうえで、自問しています。

「この力で相手を生かすために、相手をさらに魅力的にするために、相手をさらに元気にするために、自分は何ができるだろう?」

男女の関係は、ともすると「してもらいたいこと」の綱引きになります。好きだから、あなたにはこうしてもらいたい。好きだから、君にはこれをやってもらいたい――。愛という名のもとに行われる奪い合いは、びっくりするほど強い力をもっていて、弱い人は綱引きに負けて引きずられてしまいます。愛にふりまわされたあげくに綱引きの綱がちぎれ、関係が壊れてしまうこともあります。

愛情とは、相手を生かすこと。

困ったときに助けてもらうことでも、弱さを支えてもらうことでも、ましてや相手を自分の思いどおりにコントロールすることでもありません。

「相手にあれをしてもらいたい」ではなく、「自分は何ができるか」を考える。

お互いを高め合うために、それぞれができることを考える。

見返りを求めるのではなく、まず自分ができることをすれば、相手も同じようにしてくれるのが、お互いを生かす愛ではないか。

僕はこの頃、こんなふうに考えたりします。

「相手が毎日楽しく幸せでいられるために、自分に何ができるか」という前提があれば、相手の夢を応援できるし、自分の夢を応援してもらえるのではないかと。

求め合う愛はお互いを縛りますが、与え合う愛はお互いを自由にします。自由な二人が自らの意思で一緒にいる。それが姿正しき愛のかたちではないでしょうか。

対話を大切にする男

幸せのために何を大事にしたらいいのか。

一緒に生きていく相手とは、よくよく話し合うべきだと僕は思うのです。

できれば最初に、お互いの価値観を理解し合うこと。同じ価値観をもっていないと、同じ方向を向くことはできません。

話し合うというのが重要で、「なんとなくわかる、通じる」というのは禁物。

同じような気がしていても、よくよく確かめてみると意外に違っていたりするものです。

価値観とは、何を幸せだと思うかということ。

自分が生きていくうえで、何を大切にするかということ。

「私はこれが大切だし、幸せになるために必要なことです」

恋愛の最初の〝お互いを見つめ合う段階〟で、じっくりと語り合いましょう。

僕の場合、幸せのために必要なものは健康。そこそこのお金。自分なりの夢。それなのに、「健康よりも仕事だ。身体を多少壊しても頑張るべきだ」という価値観の人とは暮らせません。

幸せになるためには、大金はなくてもいいけれども、そこそこのお金は必要だと思っている僕の相手が、「お金はいらない。毎日、半額になったお惣菜を買えばいい」という人だったら、お互いにつらいものがあります。逆に「とにかく毎週、新しい洋服を買いたい」という価値観の人とも、人生を共にするのは難しいでしょう。

また、自分がどうしてもやってみたい、しなければいけないと抱いている夢は、仕事や生活のエネルギーになります。

僕は「ささやかでもいいから、世の中の誰か一人にでも喜んでもらえることがしたい。社会の一員として役に立つ歯車になりたい」という夢をもっていますが、相手はそれを理解してくれる人であってほしいと願っています。

もちろん、ぴったり同じ夢でなくてもいいし、微妙に違う部分があってもいい。それでもお互いの夢を話し合い、おおもとの価値観は共通していると確かめた相手と暮らすことが、お互いの幸せにつながります。

好きなもの、映画、子どもの頃の思い出、友だちのことなどなど、見つめ合う時間はお互いについて事細かに話し合うのに、価値観となると意外に曖昧《あいまい》です。ぼんやりとしていて、自分でも言語化しづらいものだからでしょう。

「話さなくてもわかり合えるし、わかってほしい」

この古い日本流の考え方は、ある種のわがままです。ちゃんと言葉にする努力をし、理解し合う。同じ価値観が根っこにない恋愛は、どこかこわい気がします。

僕たちは「いいな」と思ったすべての人と付き合うわけではありません。一〇〇人と出会ったからと言って、一〇〇人と愛し合うわけにはいかないのです。

自分が好きになったら付き合えるわけでもなく、好きになってくれた全員と付き合うわけでもなく、好き合って付き合ったカップルが、一〇〇%の確率で人生のパートナーになるわけでもありません。

男も女も、相手を選び、選ばれます。何が選択基準かといえば、顔がいい、背が高いということではないし、お金がある、やさしいということでもない。「一緒にいて楽しいし、気が合う」という基準でもないはずです。

いくら好きでも、男として女として強烈に惹かれても、最終的に大切なのは価値観が一致するということではないでしょうか。

価値観を確かめ合うには、相手に尋ねるのではなく、まず自分から、「こういうことを大切にしている」と心を開いて話しましょう。聞くだけ聞いて、自分の話をしてくれない相手だったら「付き合わない」という選択肢だってあるはずです。

さらに言うと、人間というのは成長するし、変化していくもの。おのずと価値観も変わっていくのですから、パートナーになった二人も、折にふれて自分の大切にしていることについて、話し合う習慣をもつといいでしょう。

悲しいことですが、知らぬ間に価値観が食い違っていることもあります。修復するにしろ、別の道を歩くにしろ、まず違いを確かめることです。

向き合っても横並びでも、価値観について語り合える関係こそ、僕の理想です。

自立している男

小学校の算数の時間に習った、ベン図を覚えているでしょうか。別々の二つの丸に、重なり合う部分がある、おなじみの図です。独立した個人である男と女という丸の場合、重なり合う部分は価値観であったり、暮らしのスタイルであったり、考え方であったりします。

一緒に営む暮らしの中で、重なり合うものが増えていくのはいいものです。たとえば、二人で一緒にできる趣味。ランニング、山登りといった運動は、身体を通して共有の体験ができるという意味でおすすめです。健康にもいいので一石二鳥。もちろんどんな趣味でも、二人でいいと思うものがベストです。

「暮らしていく中で、担当を決める」というのも、ベン図の重なった部分でうまくやる工夫です。

たとえば趣味が違う二人が一緒に暮らしはじめたら、「インテリア担当は君」「オーディオは僕」と決めてしまう。その分野は相手に完全に任せ、口出ししない。

これは相当に楽ですし、さまざまな意見の対立もそれに伴う擦り合わせもいらなくなり、ストレスが減ります。

もともと違う人間なのですから、中途半端に二人で考えようとするとまとまらず、うまくいくものもいかなくなるのではないでしょうか。

もちろん日常生活ですから、厳密に担当を決めるわけにはいかない部分もあるでしょう。

たとえば、「どうしてもこのポスターは貼ってもらいたい」という場合は、勝手にやるのではなく、話し合い、相談する。それでもイニシアチブは常に担当者がもっているという具合に解決していくといいと思います。

別々の人間が共に生きていくためには、こうした〝落としどころ〟を知っておくのも大人の知恵です。知恵は役立つものですが、知恵より大切なものは覚悟だと僕は思います。

「お互い、いつ別れてもいい」

言葉にするとどきっとしますが、こんな覚悟をお互いにもてたら最高です。

いつ別れても大丈夫。

なんなら今日別れても、明日から元気に暮らしていける。

けれども、「この人と別れたくない」と思っているから一緒にいる——。

男も女も毎日毎日、「この人と一緒にいる」という選択を無数に続けている。その結果、気がついたら何十年も一緒にいたというのは、なんとも素晴らしいことではないでしょうか。

「いつ別れても大丈夫だけれど一緒にいる」という関係が理想だとしたら、「別れたら困るから一緒にいる」という関係は、その対極にあります。

そこにあるのは、あきらめでしょうか。依存でしょうか。

重なり合う部分はほんの少しになっていて、それが互いの利害関係だけというベン図。そんな図を描いたまま人生が続いていくというのは、悲しいことです。

女性の側にしても、「別れたら生活が大変だから」「住むところに困るから」などという消去法で一緒にいるという選択をするのは空《むな》しいものでしょう。

もちろん、現実はあくまでも厳しいし、誰もが依存せずに生きるためには、女性の自立のための福祉の充実や雇用といった社会の仕組みの作り直しも必要だと思います。

僕がもし女性だったら、「家のことをやってもらいたいから彼女と一緒にいる」という男がパートナーだなんて、悲しい。

僕がもし女性で、「こっちは働いていて忙しいんだ。君に子どもの世話を全部任せたいから別れないよ」と言う男がパートナーだったとしたら、心がこなごなになりそうです。

だからこそ、「いつ別れてもいい」という覚悟と自立心をもったそのうえで「君と一緒にいたい」という選択をする男が、ますます輝くように感じるのです。

ルールがいらない男

ルールがある結婚生活というのは、どうにも受け入れがたいと僕は思うのです。

ごく私的な部分が、ルールなしでは成立しない。ルールがなければ何かが壊れていく。これはずいぶん恐ろしいことだと感じます。

お互いに関心をもち、一人ひとりがバランス感覚を磨けば、ルールなど無用になります。ルールに頼る人とは、何事に対しても無関心なのではないでしょうか。

いろいろなことに関心をもち、観察していれば、やるべきことがわかります。相手に思いやりをもち、想像力を働かせれば、気づきは無限です。

「あっ、今日は出かけるんだっけ。お化粧とか支度に時間がかかるだろうから、朝食の洗いものは僕がやろう」

「ドッグフードが切れそうだな。仕事の帰りに買ってこよう」

家事の分担を決めているカップルはたくさんいると聞きます。価値観について話し合わなくても、ごみ出し、掃除といった日々のタスクにまつわる「二人のルール」は、事細かに話し合うのでしょうか。

僕の意見はこれとは異なり、もっと自然に、気づいたことを気づいた人がやれば全体として秩序が整うというのが理想です。

ルールなんていらない。ルールだからやるのではなく、自ら気づいてやりたい。日常生活のなかで飛んでくる予測できない「やるべきこと」のボールを見つけて、走っていって、ちゃんとレシーブする男になりたいと願っています。

会社のような大勢の人間が集まる組織であれば、ボールめがけて走っていったレシーバーとレシーバーが衝突し、間にぽとりとボールが落ちる、といったことも起こりかねないので、ルールが必要です。しかし一緒に生活している二人なら、そのあたりの呼吸はうまく合わせたいもの。

「トイレ掃除の担当は僕だからやるけれど、洗濯は君の担当だからやらない」

そんな生活をしていたら、ぎすぎすしてきます。もしもルールがあるとしたら、ごく自然発生的な、暗黙のルールであってほしいものです。

「私は洗濯が好き」

「僕は朝早く出るから洗濯は無理だけれど、風呂掃除は毎晩やれる」

料理が得意、力があるから重いものを持つなど、強みを生かすやり方です。

ルール以前のゆるやかな役割分担ができたとしても、それが絶対だと思ったら大間違いだとも感じます。僕の家でもなんとなく役割がありますが、絶対その人がやらなければいけないわけではありません。

「料理は僕の担当じゃない」と、いかなるときも放っておくなど、もってのほか。まして や、「僕の担当じゃないけど君は疲れているみたいだから、今夜は特別に料理をしてあげるよ」と恩着せがましくふるまうのはいくら親しかろうと失礼です。

自分にできることを気がついたらやる。相手が困っているようなら黙って手を差し伸べる。自然に助け合う関係を築いていく。感謝の気持ちを行動で伝え合う。

これぞコミュニケーションの大切な部分であり、個と個の関係の一番豊かな部分ではないでしょうか。「ルールだからやる」では感謝など生まれません。

カップルのルールの中には、「相手のスマートフォンは見ない」といったプライバシーに関するものもあるでしょう。手帳や財布、パソコンなど、いくら親しくても立ち入るべきではない私的な部分は存在します。

僕が思うに「無断で他人のスマホは見ない」というルールは意味がありません。仮にやましいことがあろうがなかろうが、「自分がされて嫌なことは相手にもしない」という基本的なマナーを、お互いがわきまえるのがいいのではないでしょうか。

僕の知っているすてきな男は、仮にメールを見られたら「そんな関係にしている自分に原因がある」と考えるそうです。どんなにしっかりした人でも魔がさすことはあり、男女の関係は感情的になりやすいものだと知っているのでしょう。

彼の場合、プライベートなものは銀行の貸し金庫に入れているそうです。説明するのが大変なことは、最初から相手に見せない工夫をしているのでしょう。貸し金庫は無理にしても、鍵をかける引き出しといった工夫は真似できそうです。

自分は絶対見ないし、相手がふと見てしまわない万全の備えをするというのも、大人の男のマナーだと思います。

喧嘩ができる男

たまらなくかっこよく、男でも好きになってしまうような大人の男。

それは、「何があっても怒らない男」です。

「叱る」と「怒る」は似ているようでまるで違います。相手のためによくないところを理性的に指摘するひとつの表現として、「叱ること」は必要です。

一方「怒る」というのは、感情のコントロールができなくなり、相手に気持ちをぶつけている状態。我慢できないことの表れです。パートナーに対して我慢ができる男がいい。怒らない男が魅力的だと僕は思います。

「怒らない男」は僕の理想であり憧れなのですが、現実には意見が合わないことはままあります。そんなときは、相手の意見が自分の意見と違っていても、まずはすべて受け入れるというのが原則。受け入れた上で、冷静に自分の意見を言うのがいいでしょう。

そもそも意見というのは、一致しなくて当たり前。意見が合わないからこそ人間同士だ、僕はそう思うのです。意見が合うとは、お互いが理解とやさしさを示して歩み寄ったこと、そんなふうにも感じます。

お互いが等分に歩み寄ったつもりでも、ぴったり五〇対五〇にはならないとも思っています。

「意見が一致したね」と言っても、気持ちをつぶさに点検してみると五一対四九だった、そんな話です。六〇対四〇を「合っていない」と言う人もいれば、七〇対三〇でも「合っている」と感じる人もいる。こうしたやりとりをしながら許し合い、互いを思いやって、一緒にときを過ごしていくことになるのでしょう。

いずれにしろ、お互いの意見に耳を傾けることが歩み寄る第一歩。

カップルは相手に好意があるわけですから、ごくごく普通の他人に対してよりは意見を聞けるし、思いやれることでしょう。そこに相手を敬う気持ちが加われば、意見が合わないとわかった場合も、無用なトラブルを招かずにすみます。

どうしても意見が合わず、喧嘩《けんか》をすることもあります。それでいいし、むしろ大いに喧嘩をすべきだと僕は思います。

喧嘩より無礼で誠意がないのは、相手の意見を聞き流すこと。

「はいはい、好きにすれば」

「ふん。また勝手なことを言っている」

こんな態度をとると、相手は本当のことを言ってくれなくなります。態度に出していないつもりでおなかの中で笑っていても、好意を抱いて付き合った二人なのですから、相手への洞察力が養われています。見抜かれてしまうのです。

「この人、口ではわかったと言っていて、本当は違うことを考えている」

パートナーにそんな印象を与えたら、衝突のない水面下で、二人の関係はゆっくりと壊れていくでしょう。

怒らない男は理想ですが、意見を言わず、誤魔化し合いながら、表面だけ取り繕うのは最悪です。怒りもなければ感情もない、そんな関係は荒野です。

それなら僕は喧嘩をしたい。意見を言い合い、雨を降らせ、ときには嵐を起こして、二人の大地をやわらかく耕したい。

喧嘩とは相手に無防備な自分を見せること。雨降りや大嵐みたいに、普段なら見せないような感情やエゴ、悲しみ、怒りをむき出しにすることです。

そこで傷つけ合ったとしても、弱さを見せ合い、一緒に修復していければ、もっと仲良くなれるのではないでしょうか。いわば二人の新しい関係の種蒔きです。

逆に言うと、意見をぶつけ合い、喧嘩になったことで別れてしまうのなら、そこまでの仲だったということかもしれません。

喧嘩の作法を付け加えておくと、短期決戦が鉄則。言いたいことを言ったら、すぐに謝れる男が潔《いさぎよ》いと思います。嫌な思いをさせたことは確かなのです。どっちが正しいか、間違っているかを考え、意地の張り合いをしても意味がありません。裁判で闘っている相手ではなく、ずっと付き合っていきたい相手なのですから。

「ごめん!」と言って、ぱっと土下座ができる男。

喧嘩のあと、プライドを捨てて謝れる男も、僕の好きなタイプです。

想像力がある男

マナーをわきまえている男は良いものですが、はたして彼らが知っているのは、ナイフ、フォークの扱い方でしょうか？　レディファーストでしょうか？　幼い頃からきちんとした躾《しつけ》をされた人、外国暮らしが長くてさまざまな文化を知っている人が、マナーを身につけたいい男なのでしょうか？

僕が思うに、かたちであらわれるマナーは枝葉であり、根っこはもっと深いもの。本当のマナーとは、「その場所の雰囲気を壊さず、相手に嫌な思いをさせないためにはどうすればよいか？」という想像力に基づいて、思いやりと感謝を表すことだと思います。

形式通りに、ミスなく、行儀がよければいいという話ではありません。

「この場でどうふるまえばいいか？」とあらゆる想像力を動員して、一生懸命に居住まいを正す。こんないい場所で食事ができることに感謝し、ありがたさを態度で表す。感謝が根っこにあれば、多少箸《はし》づかいがおかしかったとしても、その場の雰囲気を壊すこともなければ、相手に対して失礼なこともないと僕は思います。

「この場の景色の一部として、自分はどうふるまえば許されるか?」と一生懸命に想像力を働かせれば、自然とマナーに適《かな》った服装もできるようになっていきます。

マナーや作法は文化によって違います。たとえば、日本人は食器を手で持って食べるのが基本マナーですが、多くの国では食器に触るのはマナー違反となります。

作法に厳しそうなお茶の世界でも、一番の作法は自由に思い描くことだと聞きました。主人はどうすれば最大限にいいもてなし側になれるかを想像し、客はどうすれば主人への感謝を表せるかを想像し、一緒に美をつくり出す世界です。

想像力と感謝。この二つがあれば、どんな場でも正しくふるまえるはずです。

「言葉の距離感」を知る男

ほめ上手な男は、あらゆることを見つける眼鏡をもっています。

「今日の髪はすてきだね」とか「その服は似合うね」というのも大事ですが、見かけや持ち物をほめるというのは、「いい天気だね」という挨拶に近い気がします。

ほめ上手な男は、もっと遠くから相手の全体像を把握してほめます。挨拶。言葉遣い。立ち居振る舞い。彼女がひそかにしている気遣い。

ほめ上手な男とは、サバンナの少年の目みたいに遠くからでもよく見える眼鏡をもっているから、相手の目立たない行為や努力をほめることができるのです。

同じ見かけであっても、「目がきれいだ」というほめ言葉は、男女問わず嬉《うれ》しいものです。顔がいい、スタイルがいいというのと違って、目にあらわれる人間性をほめられたという気がします。

僕が尊敬する大人たちも、男女を問わず、そんなほめ方ができる人でした。

僕がすてきだなと思うタイプの男は、「言葉の距離感」を測ることに長《た》けています。ほめるときは遠くからもよく見える眼鏡をかけて、その人の行為と努力をほめる。そして慰めるときは、どの程度、近づけばいいかを知っているのです。

落ち込んだり弱ったりしているときというのは、放っておくのがいい場合と、そばにいて慰めるほうがいい場合があります。

また、「相手はそばにいてほしいと思っているな」とわかっても、あえて距離をとらなければならないかもしれません。なぜなら、心が折れそうに落ち込んでいる女性は、やさしい声に思わずすがりついてしまうことがあるから。

その手をしっかりつなぎ、その先一緒にいる覚悟がないのに、雰囲気に流され、その場限りのやさしい言葉をかける。放っておくより残酷かもしれません。

突き詰めて言えば、相手にどこまで責任をとれるかで、かける言葉、言葉の距離感は変わります。その上で、ほめ上手、慰め上手な男でありたいものです。

精一杯のデートをする男

正直に告白すれば、恥ずかしながら僕は傍《はた》から見ても「いいな」と思われるようなデートをしたことがありません。

今の僕は年齢的なこともあって、心の余裕も知識もあるし、それなりの経験も積んでいますし、少しばかりのお金を使うこともできます。

いわゆる「人がうらやむようなデート」を考えろと言われたら、できるかもしれません。

若き日のいくつかの恋で僕がしてきたデートが、ひどいものだったというわけではありません。そのときの二人にとっては、きらめく時間だったと思います。

ただし、そのさまを映像化したとしたら、観客はすぐに席を立つでしょう。

「なんだろう、この二人？　どこにも出かけないし、狭いアパートでろくなものも食べないで、ただえんえんと、小難しい話をしているだけだな」

そんなふうに思われてしまう気がします。

壊れたクーラー。やみかけの雨に混じって聞こえてくる、夏の終わりの蟬《せみ》の声。炭酸の抜けたコーラと、冷えてしまったロウソクみたいな味のピザ。

僕は着古したTシャツで、彼女の髪は湿気でぐちゃぐちゃで、でも、一緒にいることそのものが、うっとりする時間。

ヒーローもヒロインも登場しない。デートとは、そんなものかもしれません。

そんな僕が理想のデートの指南などできないのですが、ひとつだけ思うのは、「精一杯のデート」をしたいということ。どんな男にとっても、自分の力をすべて出し切ろうと意識することが、最高のデートにつながる気がしています。

年齢や置かれた環境で、そのときその時の自分の精一杯があります。

やさしさの精一杯、知識の精一杯、経験の精一杯、お金の精一杯。

精一杯が相手に伝われば、デートは大成功ではないでしょうか。

わかりやすい例を挙げれば、自分のお金の精一杯がハンバーガーショップなら、それがベスト。しかし、極上のレストランでごちそうするお金があるのに、「まあ、今回はこのくらいで」と二番手のお店に連れていくというのは、精一杯のデートではありません。

もちろん、「明日からの生活費がなくなる!」という精一杯はアウト。親からお金を借りてきても、精一杯にはなりません。後先のことも考えつつ、自分の精一杯でもてなすことです。

若いうちは、デートで毎回男が払うというのは経済的に難しい。社会に出て大人になると、それぞれの収入によって変わってきます。基本的には二人でお金のことについて最初のうちに話し合い、「基本は割り勘、特別な日は僕が払う」というように、自分たちにふさわしいやり方を決めておくのがいいと思います。

とはいえ、すてきな男につきものなのは、やせ我慢。無理はいけないことですが、背伸びをする気概はもっていたいもの。ときにはあっというお店に連れていき、相手が気づかないうちにさらりと支払いをすませる。すてきな男のやり方です。

二〇代のデートは楽しむため。一緒に楽しみ、たくさん話をしましょう。

三〇代のデートは学ぶため。二人で一緒に成長できるテーマがあると充実します。デートというのはおおむね、お互いの休みの日。普段の日というのは男性も女性もアウトプットだけをしています。自らの知識や経験をアウトプットし、選択や判断を続けています。

だからこそ、休日はインプットに使いたいし、心のまん中にまっすぐインプットされる瞬間というのは感動したときです。おいしいものを食べる、話題の映画を見る、きれいな景色を見る。三〇代の二人であれば、デートで一緒に感動しましょう。

四〇代のデートは味わうため。時間を味わう。食事を味わう。空間を味わう。ともに五感で味わうことに、二人の時間とお金を使いましょう。ときには休息も必要で、一緒にくつろぐことができる相手は大切な人です。

こう考えると、デートのあり方も大人になるにつれ、変わっていくものかもしれません。

その年齢なり、その人なりの「精一杯」のデートが理想です。

記憶の贈り物をする男

仕事で京都に行ったときのこと。

昼食をとろうと入った店で、草木染めのドレスを着た女性客に気づきました。おそらく作家もので、服というより作品のような美しさ。大胆な色合いは個性が強いものですが、六〇代くらいの大人の女性だからこそ、しっくり着こなしています。

「すてきですね」と僕は思わず声をかけ、しばし彼女のグループと言葉を交わしました。とはいえ昼食の席です。女性たちはやがて席を立ち、僕は連れと仕事の話を続けました。「さすが京都だな、本当の大人の女性がいるな」と、ふとした出会いに小さく感動しながら。

おいしく食事をすませ、会計をしようとレジに立つと、お店の人が紙袋を差し出しました。

「これ、先ほどのお客さまからです。京都のお土産です、と」

ごく普通の紙袋に入った、麩《ふ》まんじゅうでした。

京都には有名な麩まんじゅうの店がたくさんありますが、有名店ではなく、住宅街にある、地元の人たちのためにやっている店の品のようでした。おそらく彼女が普段、お茶菓子として気に入っているものだと思います。

言葉を交わしただけの僕らのために、「東京から来ているのだから」と、わざわざ近くのその店で麩まんじゅうを買い求め、レジにあずけてくれたのでしょう。

メモもカードも入っていませんでした。名前も聞いておらず、手がかりはあの美しい染色されたドレスだけ。

びっくりして、嬉しくて。贈り物とはこういうものだと、その粋《いき》なはからいに魅せられました。思いがけなさと、女性のやさしさが合わさって、もっちりつやつやした麩まんじゅうは、なおさらおいしくいただけたのです。

プレゼントは、思いがけなさもふくめて贈るもの。そう教えていただいた気がします。

男と女が付き合えば、贈り物はつきものです。誕生日、クリスマス、結婚しているなら何年ごとにやってくる記念日。

僕の場合、あまり日にとらわれずに贈り物をしています。

ぶらぶら街を歩いていて、「あの人に似合うな」と思ったものを買って贈る。

自分がどこかへ出かけておいしいものを見つけ、「これを食べてもらいたいな」と思ったら、その場で配送を頼むこともあります。

贈り物をするタイミングは、記念日でなくなんでもない日。そして何を選ぶかは、相手が大切な人であれば、記憶で選びます。

「三年前、一緒に映画を見ながら、あんな椅子が欲しいと言っていたな」

「夏にどんなシャツを着たらいいかわからないと迷っていたな」

「あの色が好きだと言ってたっけ」

普段の会話のなかで聞いたことを憶えておく。そして、ぴったりのものが見つかったタイミングで贈ります。

「そろそろ誕生日だから」とわざわざ探しに行くというより、いつも心のポケットの中にその人のひと言が入っていて、ふさわしい品に出会ったときにぱっと気がついて贈る、そんなやり方です。

その人の言葉を記憶することから、贈り物は始まっているのかもしれません。

これは僕のオリジナルではなく、尊敬する大人の男にしていただいたこと。

あるとき食事に招待され、とても珍しい季節の一品が出てきました。

「すごいですねえ」とびっくりしていると、その人はにこりと笑って言ったのです。

「松浦さん、いつか食べてみたいと言っていたじゃない」

珍しいごちそうの話を聞いたとき、あまりにおいしそうにその人が話すので、確かにそう言ったかもしれません。

自分でも忘れかけていたのですが、ちゃんと憶えていてくださったことに、びっくりして、どきどきして、たまらなく嬉しかったのです。

嬉しい気持ちを誰かにもらったら、誰かに嬉しい気持ちを贈る。贈り物の意味も教えていただいた気がしています。

一緒に「一人旅」ができる男

偶然は、目的をもたない人に訪れない。

僕はそれをニューヨークで学びました。

一〇代から今まで、何度となくニューヨークに行っていますが、あの街は何もかもがある場所。世界中の最低のものと最高のものが凄《すさ》まじいエネルギーを放ちながら集まっているところです。

そこに目的もなく飛び込んでいくと、自分が取り残されているような気持ちになります。逃げるように日本を出てニューヨークに行った一〇代の僕は、潰《つぶ》されそうな気持ちと疎外感を交互に味わいました。

誰かと出会い、素晴らしい偶然が訪れるようになったのは、「本屋に通い続ける」という自分なりの目的を見出してからの話です。

旅というと、「自由で何でもあり！」という雰囲気を感じてしまう人もいるかもしれませんが、その刹那《せつな》が楽しいだけで、何も残らなかったりします。

異文化、語学、歴史、建築、音楽、料理。何かを学びたいという目的、目的が大仰《おおぎょう》なら、テーマをもって出かけましょう。好きな人と二人で旅をするときも、二人でテーマを探すことです。

観光というテーマもあるかもしれません。一例を挙げれば、彼女が憧れていた街で、名所と言われるところを全部見て回り、写真に収めるという旅です。

これはこれで悪くありませんが、観光というのは飽きるもの。遊園地のアトラクションを順番にこなすようなもので、つくられたお楽しみをクリアしていくだけ。

個人的には観光は老後の楽しみにとっておいて、若い頃はオリジナルのテーマをもつほうがいい気がします。たとえば、観光がメインだけれど、同時に「その街のコーヒーの飲み比べ」といったちょっとした裏テーマがあると充実度が違います。

どんなテーマであっても、国内でも海外でも、行く場所の歴史を学んでおくというのは、欠かせない旅の準備です。

その街の歴史を学んでおくと、何を見ても、何を聞いても、何を感じても、人の暮らしを見ても、吸収するものがあります。理解の深さが違ってきます。

これを教えてくれたのは、外国の友だち。欧米の人たちは、旅といえばしっかりと歴史を学ぶのです。たとえば東京に旅をするなら、江戸幕府の成り立ちから徳川家についてしっかり本を読んでいたりして、深い質問をされてこちらが困ることさえあります。「アニメーションが大好きで秋葉原に行きたい」という外国人も、秋葉原という地名の由来まで調べていたりすることが珍しくありません。

僕らもそうした〝予習〟をしておいたほうがいいのではないでしょうか。

カップルの旅の場合、テーマがぴったり一致するのが理想ですが、べつべつの人間であり、異性である以上、理想どおりにいかないこともままあります。

その旅は、どちらが主導権を握る旅なのか決めておくというやり方がひとつ。「主導権をもった相手の好きなところ、興味があるところ」を巡る旅です。

僕のおすすめはもうひとつのやり方で、「共通のテーマ、プラス一人旅」。一緒の行動と、単独行動を取り混ぜるやり方です。

基本は二人のテーマに基づいて一緒に旅するけれど、二日目の午前中はそれぞれ自由行動をし、ランチのお店で落ち合う。昼食をすませたら二人で出かける。

一緒の時間と単独の時間をバランスよく取り混ぜる方法です。

たいていの女性は旅行先で買い物をするものですが、一緒に楽しめる男ばかりではありません。男は待っていてイライラするし、待たせていると思うと、女性はゆっくり買い物ができなくなる。お互いに気を遣って疲れてしまいます。

単独行動タイムは、ホテルの中でも必要です。いくら好きでも、二四時間一緒にいたら息苦しくなることもあります。付き合いの度合いにもよりますが、「相手が気になってトイレも行けない」という女性がいるかもしれません。一人でぼんやりする時間が必要な人もいるでしょう。そこは気遣わなければなりません。

一緒にいるけれど一人旅をするためには、お互いが知らない街で一人歩きをできるくらい自立しているのが必須条件。

べつべつの半日を過ごし、楽しかったことを報告し合う、二人でする一人旅。

なにやら、人生という旅にも通じるものがあります。

家族を大切にする男

二人の関係の延長線上には、家族があります。

今は一対一の恋人であっても、その先は二人で家族をつくっていくことになるかもしれません。

そういう結末にならないとしても、生まれ育ちを振り返ったとき、家族がいない人は存在しません。別れて暮らしていても、付き合いを断っていても、亡くなっていても、誰かが命をつないでくれたから、僕たちは生まれ、存在しています。

だからこそ、自分の家族を大事にするのが原理原則。すてきな男の条件であることはもちろんですが、人として大切なことだと僕は考えています。

僕が尊敬する大人の男たちは、先祖を大事にしています。いくら忙しくても、月に一度のお墓参りを欠かさない。そんな習慣をもっていて、先祖に感謝する気持ちを忘れることがありません。

きっと彼らは、「先祖の誰か一人が欠けても、自分はここにいない」とわかっているのでしょう。人の存在のかけがえなさを知っている男かどうかを見極める意味で、「先祖を大切にしているか、自分のルーツを大事にしているか？」はポイントになるかもしれません。

また、恋人でも友人でも、親に紹介できる人が最高の人です。家族公認の交友関係をもつ男になりたいと僕は思っているのですが、女性が人生のパートナーを選ぶのなら、早いうちに親に紹介してみるといい気がします。

二人が結婚したとしたら、パートナーの親も、自分の親と見なすこと。月並みに響くかもしれませんが、それだけ大切なことだから、みんなが言っているのでしょう。

そのうえで第一に優先すべきは、パートナーの親の気持ちです。「あまり立ち入ってほしくない」と思っているのに、「自分の親と同じだ」とずかずか踏み込んでいくのでは、善意であっても思いやりがない振る舞いです。何をしてほしいのか、どういう付き合いを望むのか、話し合っておくことが必要でしょう。

当たり前のことですが、パートナーの親というのは、自分の子どものパートナーについてよく知らないものです。僕が思う理想の男は、パートナーの親に対して、「自分のことを知ってもらう」という努力をしている人です。

そのためには「自然とわかってくれるはず」と受け身になるのではなく、折にふれてパートナーの親に連絡し、話をする努力を怠ってはならないでしょう。

僕自身がパートナーの親に対して心がけているのは、何でも報告すること。

「元気でやっています」だけでもいいのですが、いろいろ話しています。

「先週の日曜日は、二人でこういうところに行ったんですよ」

「僕は毎日、○時から△時までこんなふうに仕事をして、部下はこんな人です」という話でもいいかもしれません。

報告を欠かさないのは、親というのは、自分の娘について知りたいだろうと思うから。自分の愛する子どもが、どういう人と、どういう暮らしをし、どういうものを食べ、どういうものに感動して、どういうことに怒ったり喜んだりしているか、親ならばいつまでも気になるものではないでしょうか。一週間に一度、電話してもいいし、会いに行ってもいい。自分の親に対しても同じようにしています。

家族をつくるというと、子どもについて考える必要も出てきます。

教育方針も育て方も、あまりにもケースバイケースで、「こんなふうに子どもに接する男が素晴らしい」と言いきれる定義はないと思います。

その前提で僕が心がけていることは、子どもの前では絶対にパートナーの悪口を言わないこと。戯《たわむ》れにもパートナーを馬鹿にする態度をとらないこと。

「自分も早く結婚したい。家庭って建設的だし、安心だし、元気のもとだし、とってもいいものだ」とわかってもらいたいのです。

夫婦仲がいいことを、どれだけ子どもに見せられるか。それは親としての大切な務めであり、教育だと考えています。

最低で最高の男

いつの日か僕の娘に、「最良の男の選び方を教えてほしい」と聞かれたら、僕はこう答えます。

「最低で最高の男を選べ」と。

そのためには早いうちに、最低の男と付き合ってほしいと思うのです。

できるだけ駄目な人。古めかしく言えばろくでなし。

とことん嫌な思いをして、傷ついて、恐ろしい目に遭って、人間の怖さと弱さを知ってほしい。その付き合いを通して彼女自身が成長し、人を見る目を養い、自分のものさしをつくらなければ、最高の男を見極めることもできない気がします。

これは極めて特殊な意見だというのは、わかっています。

娘が初めて付き合う相手は物語の王子さまみたいな最高の男で、「そのまま生涯、幸せに暮らしましたとさ」という結末を願う親が多数派かもしれません。

それでも僕たちが生きるリアルワールドでは、一発でベストの相手と巡り会う確率はおそろしく低いし、何人かと付き合うのが平均的なことだと思うのです。

だからこそ、彼女自身が成長できる最低の男との恋を、早いうちに経験してもらいたいと願っています。


若い頃、僕は友人に思いきり殴られるという経験をしたことがあります。

思い出の中では映画のスローモーションみたいで、でも、きっと一瞬の出来事。

「おまえ、ふざけるな！」

友人が叫んで、こぶしで顔面を殴られました。

僕がそれだけひどいことをしたから、相手をそこまで追いつめてしまったのです。

恋愛ではなく、男同士の諍《いさか》いですが、こうした極限を経験すると人の気持ちがわかるようになるし、人の怖さもわかります。人の気持ちを踏みにじる罪深さ、たとえ親しくても芽生えてしまう嫉妬。「そんなの乱暴で恐ろしい」と思われることを承知で言えば、負の感情を知るための得難い学びでした。

付き合っていて、「この人は最高だな。どうやったってかなわないな」というすてきな男は、最低と最高を知っています。

彼らは世に言われる成功者で、人が見ているのは彼らの最高の部分ですが、その奥底では人には言えないようなつらい思いをしています。自分自身の弱さで大失敗して、罪を償《つぐな》ってからやり直した億万長者だっていることでしょう。

いい家に生まれて、いい大学を出て、アメリカのどこかで資格を取ったような人は純粋に「すごいな」と思いますが、「最高だ、かなわない」とは感じません。

地べたを舐《な》めたこともなければ、土の味も知らない人と、泥水を飲んで生きてきたすえに成功した人がいたら、何があっても強いのは後者です。

若いうちに最低の男と付き合い、いろいろな恋をし、そのうえで「最低を知っている最高の男」を選んでくれたら。僕は娘に、そんな気持ちを抱いています。

恋愛というのはごく個人的なことであり、本人の意思が優先されるべきもの。まわりが口出しをすることでもありませんが、「いくら好きでも別れたほうがいいだろう」と思う男は存在します。

僕が思うに、避けるべきは働くのが嫌いな男。働くのが嫌いな人は、他人に興味がありません。なぜなら働くというのは、社会のため、人のためになること。仕事とは、その先にいる人を喜ばせるために、自分を役立てることです。どれだけ役立てたかを測る目安がお金であり、その結果が世にいう成功です。

それなのに「仕事なんて嫌いだけれど、生活のためにやっている」という人は、成功できません。その先に人がいるという想像力が働かないのです。

「社会や会社のシステムが悪くて、無理矢理仕事をやらされている」といった被害者意識をもっていることさえあるかもしれません。

こうした人は、僕の考えでは、最低の男以下の「論外な男」です。

人のために自分を役立てられる、最低で最高の男。これが僕の好みと言えます。

SECTION 2

すてきなおとこまえ

限りなく素直な男

素直さは人生のコツであると知っている人は多いと思いますが、限りなく素直であろうと心がけている人はそう多くはありません。考えようによっては素直さというのは、少しばかり損をすることだと感じる人もいるからです。なんでもかんでも人の言うことばかり聞いていられるか、と思う人も多いでしょう。

限りなく素直な人は、人間関係を最も大切だと知る人でもあります。なぜなら、素直さとは、何よりも人に好かれ、愛される人柄の要素であるからです。

サラリーマンとして出世するにあたって何が大切なのか。それはスキルや経験、残した実績よりも、人間関係であるということは、僕が年齢を重ねることで少しずつわかってきたことです。あまりに打算的な考え方のようですが、人一倍、何をしようと、何ができようと、会社組織の中では、誰からも好かれるという人間関係が、最優先の能力なのです。

限りなく素直であるとは、自分以外の人の立場をきちんと認め、どんな話でもよく聞き、人に頭を下げて相手の顔を立て、何事も肯定して受け止める。自分はいつも一歩でも二歩でも下がって、人に席を譲る謙虚さを持つこと。要するに自分にできることを与え尽くすことです。そして、いつも思いやりとやさしさを忘れず、機嫌よくいることです。

限りなく素直であることとは、人に好かれるだけではないと、ある方は僕に教えてくれました。そういう人は、運にも好かれるというのです。チャンスはいつも誰かという人が運んできてくれるものです。そしてそのチャンスを、思いもよらない化学反応によって何倍にもしてくれるのが運なのです。

人生という日々は、実はほとんどが仕事であり、仕事とは、限りなく素直であるという、人に好かれるための努力が、そのすべての下支えになっているのです。

限りなく素直な男の元には、人が集まり、運も集まるのです。そんな男を見分けるにはどうしたらよいのか少しだけ教えましょう。「はい」という返事の声と、「ありがとうございます」という感謝の声が、耳に心地良く聞こえる人は、間違いなく限りなく素直な人です。いつもにこやかで柔和な人とも言えるでしょう。

才能がある男

友人の女性に「どういう男性がタイプですか？」と、他愛ない会話の流れで聞くと、「才能のある男性が好き」と即答しました。「何かひとつでいいから、私が絶対かなわないと思う才能のある人がいいな。私はそういう人を尊敬する」と話を続けました。

人柄のいい人。やさしい人。真面目な人。働き者の人。女性が考える好きな男性のタイプはこんなふうにいろいろとありますが、それに才能があることが加わると、かなりすてきな男ではないかと僕は思います。

才能なんて、そうそう誰でもあるわけがない、とおっしゃるかもしれません。いやいや、才能は誰にでもあるのです。多くの人は、その才能を発掘していないだけなのです。才能を発掘するにはどうしたらよいのでしょうか？　それには、自分の好きなことへの絶え間ない学びと努力、自分を信じる力が必要なのです。

そうです。才能がある男とは、夢を持ち、自分を信じて、あきらめずに努力をする人なのです。

自分なんかきっと無理。それより無難に生きていたほうがいい。夢を見るなんてばかばかしい。こんなふうに考えている男は意外と多いのです。試しに、才能のある男に「夢は叶《かな》うと思いますか？」と聞いたら「はい」と答えるでしょう。

これからの時代は、いつ何が起きても対処できるジェネラルな能力と、ある専門分野におけるスペシャリストとしての能力の両方を備える人がスタンダードになっていきます。いわば、優等生でありながらオタクであることです。今までのように、何でもできるだけでは通用しないのです。

自分を信じて、ひとつのことにのめり込んで、あきらめずに努力する男は、人間としても魅力的です。

僕の友人の女性が言った、好きな男のタイプというのは、言葉を換えれば、夢を信じ、夢に向かって努力している男と言えるでしょう。僕もそんな男が大好きです。

自分の夢について、いくらでも語り合える男はすてきです。

「夢？　それより現実だよ」なんて言う、乾いた男との関係はすすめません。

バランス感覚がいい男

賢い人。

特別なスキルがある人。

世の中に、優れた人はたくさんいます。

ところが、男である僕から見ても「すてきだ」とつくづく感じる人は、さして多くはありません。

もちろん、能力や技能は大切なものです。語学が堪能な人、知識が豊富な人がいれば、素晴らしいなと思います。

しかし、今という時代はびっくりするほど駆け足で、昨日まで万能だった道具が明日は役に立たないものになってしまいます。

だからこそ、スキルや知識以前に人としての底力がないと、この世界で生きていくのは難しくなる、そんな気がしてなりません。

そんななか、男の目から見ても「すてきだ」と感じる男を挙げるとしたら、バランス感覚のいい人。

ひとつのことに秀《ひい》でることは大切ですが、だからといって「あとはどうでもいい」とおざなりにしていたら、その時点でかけがえのない「ひとつのこと」も台無しになります。その人全体の輝きも、なんだかくすんでしまいます。

ごく表面的なことを例に出せば、バッグや時計はとびきり豪華なのに、洋服は適当に選んだようなファストファッションという人がいます。

美食にこだわるのに、健康管理が疎《おろそ》かな人がいますし、仕事では優秀だけれど、ライフスタイルは乱れている人もいます。

誤解なきよう付け加えれば、僕はファストファッションを否定するわけでもないし、美食はいけないと決めつけるつもりも毛頭ありません。仕事が優秀なことは素晴らしいことです。

僕が問題だと感じるのは、どれもみな、バランスが崩れていること。

バランスの崩れというのは他人からはわからないようでいても、じんわりとその人の雰囲気としてにじみ出てきて、結果として「すてきではない」となります。

美食も仕事も、やりすぎないようにバランスをとりましょう。おいしいものをたくさん食べたら節制し、働きすぎたら休んだり遊んだりすることです。

また、持ち物が一点豪華主義になってしまうというのは、クレジットカードさえあれば、身の丈《たけ》に合わない高価なものが手に入ってしまうシステムが仇《あだ》となっているのかもしれません。

ヨーロッパの人たちは階級意識があるため、「自分にふさわしくない」と思ったら、どんなにほしくても持とうとしないものです。ところが日本人の僕たちは、何かを持つ時に、「自分のライフスタイルや経済状態、スキルや教養にふさわしいか」と自問せず、「ほしい」という気持ちで飛びついてしまうことがあります。

僕自身にもそれはいえることで、今一度、立ち止まることも必要ではないか、とときどき自分を戒《いまし》めます。

「今の自分には、このクラスのものがふさわしい」という価格帯で全部をそろえれば、ファストファッションであってもバランス良くまとまります。

それでも高価なもの、豪華なものがほしいなら、一点豪華主義をゴールにするのではなく、スタートラインにしましょう。

何かひとつを豪華にしたら、それに釣り合うように人間的な成長や豊かさを目指し、バランスを整えていくのです。良いものを持ちたいなら、それにふさわしい所作や教養を学ぶというように。

さらに、少しずつお金を貯めて、持ち物全体のレベルも、豪華な一品と釣り合うように上げていくといいでしょう。

持ち物はあくまで一例であり、これはすべてにいえること。すべてにおいて、全体を意識したバランス感覚を養うことが、すてきな男になる秘訣です。

本気な男

生きていくことでも、仕事でも、趣味でも、恋愛でも、「この人にはかなわない」と痛烈に感じる瞬間。それは「相手は本気だ」と感じたときです。

どんなことであろうと、どんな場面であろうと、本気の人が勝ちます。

仮に二人の人間が仕事で競うシーンがあったとして、知識がなくても、経験がなくても、本気度が高いほうが勝ちます。

僕はギャンブルをしませんが、プロの人いわく「勝てるのは本気な人だけ」。あくまで僕の主観ですが、本気になれる人というのがどんな場面でも強いし、何より「すてきだな」と思います。

本気なふりは言語道断。本気より先に賢さがくるのも、話になりません。

「とりあえずやってみて、本気になるかどうか決める」

そんな人は実際に多いし、あなたのまわりにもいるかもしれません。うまくいけば一生懸命やるし、好きになる。駄目だったらすぐにやめて次にいけばいい。この考え方は合理的で賢いのかもしれませんが、腰が引けた態度では、うまくいくものもいかなくなります。

「お試し期間」のつもりでいたら、大失敗もしないかわりに、学びもありません。小さな失敗はするかもしれませんが、軽い気持ちを感じ取られて、誰にも助けてもらえません。結局、得るものもないのに後始末だけが大変、ということになります。

また、どっちつかずの中途半端はあやういものです。人に利用され、馬鹿にされ、その小さなマイナスの積み重ねで少しずつ信用が目減りしていきます。

いつも本気である必要はありません。

「これだけは」というときに、本気になれる人。すべてをはねのけて、突き進める人。ぶざまなまでに本気になれなければ、すてきな人にはなれません。

孤独でいられる男

世の中は、二つのタイプに分かれます。

量をほしがる人と、質を求める人。

人間関係ですらこれは同じです。

量をほしがる人は、誰とでも仲良くなって、どんどん友だちを増やしていくことに価値を見出します。知り合いが多いほど、顔が広ければ広いほどいい、そう考える人も少なくありません。魅力的な男性の条件として「人脈」という言葉が挙がることも多いでしょう。

僕自身の美意識としては、一人の人間が付き合える人数には、限界がある気がします。

心から許し合い、分かち合い、愛し合う。すなわち、人間関係に質を求めるためには、友人や知人を含めて「身の丈に合った人間関係のありよう」を考えるべきではないでしょうか。

無理をして友だちを減らすというのは不自然かもしれませんが、無理をしてつながりを増やす、友だちを増やすというのは、同じくらいおかしなこと。すくなくとも、それはただの数であって、人脈と呼べるものではない気がします。

人間関係において質を求めるなら、大切なのは個であることです。

孤独というのは、人が生きていく絶対条件だと僕は考えています。

「一人は淋しい」

「いつも誰かと一緒にいないと駄目」

男でも女でも、孤独を嫌う人はたくさんいますが、彼らは生きていくことから目を背《そむ》けている気すらします。

人は一人で生まれてきて、一人で死にます。

どのような生き方をしようと、どのような出会いや別れや関係をもとうと、生まれるときも死ぬときも一人。これは普遍の真理です。つきつめて考えれば、まわりに誰がいたところで、生と死とは個人的体験でしかありません。

この事実を受け入れていないというのは、厳しい言い方をすれば人として幼い。自分の生にすら正面から向き合えないのであれば、他者の生に寄り添うことも難しくなるのではないでしょうか。

僕が好きだな、と思う大人の男は、孤独が何かを知っています。

家族がいる人もいれば、パートナーすらいない人もいますが、いずれも孤独を引き受けて生きています。

「一人で暮らしていて、淋しくないですか?」などという愚問は口にできないほど、彼らが築いた自分の世界はまぶしいものだと感じます。

一人でいると、自分の弱いところがわかります。まわりに人がいると、知らないうちにカバーされ、紛《まぎ》れてしまう脆《もろ》さや弱点が見えてきます。

弱さを克服する必要はありませんが、自分の弱さを知ることは大切です。

自分の弱さを知れば、自分の強さがわかるから。強さを育てて磨けるから。

そして何より、自分の弱さを知れば、他人の弱さがわかります。すると人の気持ちがわかり、いたわりと思いやりが生まれます。そこから深いところで結びつく、豊かな人間関係が育まれていきます。

一人ではできないことが誰かと一緒にできる喜びを、身体の奥底から感じ取れるようになるのです。

人とつながるのは楽しいし、人に頼ると安心な気がします。

「誰かと一緒にいるほうが人生は充実する」と思うのも自然なことかもしれません。しかし、その充実をまやかしにしないためにも、安易に人と群れないことです。

自然というのは、必ずしもいいことばかりではありません。川の流れに身を任せていたら、滝壺に真っ逆さまという恐ろしさもまた、自然なのです。

自分の足で毅然と立つこと。一人の時間を過ごすこと。

孤独を知る人間同士の結びつきを求めていきたいと思っています。

いばらない男

ずいぶん昔、映画俳優のデニス・ホッパーの取材に同行したときのことです。僕はまだ若くて言葉も拙《つたな》いのに、スターと呼ばれる彼はとても謙虚でした。ハリウッドセレブと言われ、世界中にファンがいる著名人なのに、親子ほど年が離れた年下の人間に、実にていねいに接してくれたのです。

その腰の低さは、僕に対してだけではありませんでした。映画会社の人、スチールカメラマン、編集者はもちろんのこと、お付きの人や飲みものを運んできたウエイターにも、まったく同じ態度をとっていました。

世界的に活躍しているセレブリティと呼ばれる人は、「根っからのセレブ」と「這《は》い上がったセレブ」の二通りに分かれる気がします。

富豪一族の出身といった「根っからのセレブ」は、生まれた時から人の上にいるのが当然です。誰に対しても偉いから、自然と態度も大きくなります。上から目線が普通であり、失礼な態度をとったところで、注意されることもありません。

一方、貧しいところから身を起こし、才覚と努力で成功を手にした「這い上がったセレブ」は、僕の見るところ、どんなに偉くなっても態度を変えません。

おそらく彼らは、いばらないことの大切さを知っているのでしょう。コンプレックスがあるから相手の気持ちがわかるし、たくさん失敗してたくさん学び、謙虚さが大事だと身に染みているのでしょう。

スコット・フィッツジェラルドの『華麗なるギャツビー』には、貧しい出自の主人公が、「どんなに金持ちになっても流れている血が上流階級とは違う」と蔑《さげす》まれるシーンが出てきます。上流社会の仲間入りをしてからも「しょせん成金だろう」と言われることが何度となくあるギャツビーは、どういう振る舞いをしたらいいかを考え抜いていたに違いありません。

デニス・ホッパーも、アメリカ中西部の農場の生まれです。根っからのセレブではなく、下積みも経験していたから、底辺の仕事をする人の気持ちもわかるのでしょう。

誰に対しても、いばらない。

人にいばるすてきな大人を、僕は見たことがありません。

言葉遣い、ちょっとした態度。いばらない作法を身につけている人は、男の目から見ても魅力的で、はっとします。

逆に、「見ていてつらいな」と思うのは、いばるつもりもないのに、不遜《ふそん》な態度をとっている人。

たとえば、人の話を聞いているときに足を組む。椅子の背もたれに寄りかかり、ふんぞり返る。斜めにだらしなく座り、足を投げ出す。ごく普通に「いばった態度」が身についてしまっている人を見るにつけ、残念でなりません。

年長者だけでなく、若い人の中にもこうした癖がある人がたくさんいます。

仮に僕が彼らに対して、「あなたの態度は失礼ですよ」と注意をしても、きょとんとするだけでしょう。なにを言われているのか、意味がわからないと思います。

いばった態度は人に不快感を与えるのに、当人は悪気がなく、無意識にやっている。

それがなおさら恐ろしいのです。

「話しても通じない」と思う相手にわざわざ注意をしてくれる人はいません。こうなると直すチャンスは遠のいていきます。

悪気があろうとなかろうと、不遜な態度をとるということは、相手を敬わない気持ちがどこかにあるからです。

年齢や立場が自分より上であろうと下であろうと、つねに相手に敬意をもつこと。それが正しい姿勢や言葉遣いにつながります。

いばらない人になるには、言葉遣いや態度に注意すると同時に、相手に思いやりをもつこと。思いやりのない人からは、みんな離れていくものです。

すてきな大人はいばらない。これは世界中で通じる原則のような気がします。

ひけらかさない男

何でも知っているけれど、何も知らないふりをする。

これぞ、ダンディズムに通じる男のあり方だと感じます。

たとえば僕のところに若い人がきて、本の話をあれこれしてきたとします。

自分で言うのも変ですが、僕は本については、わりにいろいろなことを知っています。でも、目の前の若者が本について「こんなの、誰も知らないだろう！」と得意になってしゃべっていたら、にこにこ笑って聞くことにしています。

「そんなことは百も承知だよ。そもそも正確には……」なんてうんちくはおくびにも出さず、「ああそうなんだ、そうなんだ」と聞き手にまわる。知っている話でも初めて聞いたように感動し、間違っても相手を傷つけない。

いつも、どんなことでも、知ったかぶりをしないと決めています。

自分が知っているつもりでも、実はたいして知らない。知っていても、さらに深いところがある。

これを僕に教えてくれたのは、すてきな大人の男でした。一流と言われるいろいろな人に専門的なことについて話を聞きにいくと、たいていの人はほとんど話しません。逆に、知っていることを話すよう、僕に水を向けてくるのです。

相手が知っていることはどのぐらいあるのか、レベルを推し量る。

相手がどのくらい興味があって聞きにきたのか、熱意を推し量る。

もしかすると、そんな意識で聞いているのかもしれません。こちらは思いを伝えたいから、必死で勉強したことや、ありとあらゆる知識を総動員して話します。そこには思い込みや勘違い、間違いがたくさん含まれているはずですが、相手は何も否定せず、静かにひたすら「ほう、へえ」と聞いてくれます。

「君が言っていることはここが間違っていて、君が知っていることなんて本で言ったらわずか数ページのこと。本当は何百ページもあるんだよ」

そんなふうに笑い者にすることもできるはずなのに、黙って耳を傾けてくれる度量の深さは、素晴らしいなと思いました。

あとから振り返って、自分のひけらかした知識の間違いに自分で気づくことができたのも、じっと聞いてくれた彼らの人間的な大きさのおかげかもしれません。

どちらがより多く知っているか、知識の競争をしてもしかたがありません。ちょっと本を読んだ、ネットで検索したというだけで知ったかぶりをするほど、恥ずかしいことはありません。

「最近、またマルクスが流行《はや》っていますね」と聞きかじりの知識を披露したら、「ああ、フランスの経済学者が書いた本がアメリカでベストセラーですね。あれのどこが面白かったですか」ともっとよく知っている人に言われ、答えられなくて困ってしまう――こんなこともあるでしょう。

学んでも学んでも「まだまだ自分には学ぶことがある。自分より知識がある人がいる」と知りましょう。また、自分が何度となく経験してきたことであっても、違う世代、若い世代が経験すれば、また別の発見があるものです。

まずは相手の話を聞く謙虚な態度が、より深い知識を集めるきっかけとなります。

自分から知識をひけらかさない人は、無口な人でもあります。

小津安二郎《おづやすじろう》の作品で知られる俳優の笠智衆《りゅうちしゅう》は、映画の中のセリフが少ない以上に、実生活でも無口だったそうです。熊本出身の九州男児で、「三年に三口」と言われるほど寡黙。

笠智衆というのは本名ですが、珍しい名前です。松竹蒲田《かまた》撮影所の城戸四郎《きどしろう》所長をはじめ、みんなが「かさ」だと思い込み、そう呼んでいましたが、彼は訂正しない。「おい、かさ」と呼ばれれば「はい」と返事をする。結局、五年もの間、「かさ・ちしゅう」だと思われたままだったといいます。

ここまでくると不思議な感覚かもしれませんが、好ましさを感じます。少なくとも、「やまざきさん」と呼ばれて、毎回「僕はやまさきです」と訂正する人よりも、人間が大きいな、と僕は思うのです。

女性に好かれる男はたいてい無口だというのも、案外、うなずける気がします。

プライドを捨てられる男

「それはプライドが許さない」

物語の世界でこのセリフを口にするのは、たいていかっこよいヒーローです。プライドをもつとは、男として正しいことのように言われます。

まるで中世の騎士が剣を磨くようにプライドを大切にしているわけですが、それですべてが解決するのは、物語のなかだけです。

プライドを手放す。僕がこう決めたのは、四〇代に入った頃でしょうか。

尊敬する名編集者に「仕事の秘訣はプライドを捨てること」と教えてもらったのがきっかけですが、最初は違和感がありました。

プライドは自分を支える芯のようなもので、捨ててしまったら誰にでも媚《こび》を売るような、意思のない人間になり下がるのではないか。そんな懸念がありました。

「プライドを捨てる」という言葉の意味が、本当に理解できたのは、『暮しの手帖』の編集長になってしばらくしてからでした。

仕事をしていると、嫌なことも耐えなければならないこともたくさんあります。何かをやり遂げるためには、自分に非がなくても頭を下げるべき場面があります。「こんなつまらないことをするなんて、プライドはないんですか?」といわれのない非難をうけることもあります。

そのたびに自分のプライドを、まるで小さな剣のように振りかざして闘っていたら、それだけで疲弊《ひへい》して先に進めません。いちいち悩んだり立ち止まったりして、行きたい場所に辿《たど》り着けないままになってしまいます。

個人的で小さなことにとらわれていると、大きなことはできない。自分のプライドなんて後まわし、最優先することじゃない——。

そう気づいたとき、僕はプライドを手放せるようになりました。自分の気持ちなんか最後でいいと、腹に落ちたら、ずいぶん楽になりました。

世の中には、プライドを傷つけられるようなことがたくさん転がっています。まるで小さな石ころだらけの道を裸足で歩いているようなものです。

たとえば言葉遣い。態度。物事の進め方。カチンと来ることはたくさんあります。あなたも誰かに対して、「なんて失礼な人だろう」と憤《いきどお》った覚えがあるはずです。

しかしそれらは、世の中という道を歩いていればどこにでも転がっている石ころであり、飛んできたとしても、プライドを剣にして弾き飛ばすには小さすぎます。

プライドを、剣ではなく楯《たて》にして身を守るというのも無駄なこと。プライドとは美しい車のボディに似ています。頑丈そうなのに繊細で、石ころが当たったら、たちまち傷だらけになるでしょう。

何より忘れてならないのは、自分自身も、世の中を歩いているうちに、知らず知らずに石ころを蹴飛《けと》ばし、誰かにこつんと当てていること。悪気はないけれど、相手を傷つけるような言葉を口にし、無意識に失礼なことをしている。僕たちは不完全な生き物であることを認めねばなりません。

石ころを飛ばしているのはお互いさまで、日常茶飯事。それなのに、毎回戦闘モードでプライドを持ち出していたら、身が持たないでしょう。

プライドとは剣や楯のような武器ではなく、心に秘めるお守りみたいなもの。誰にも見せないし、ましてや振りかざさない。でも、心の奥にずっとある。それが本当のプライドではないでしょうか。

あるとき、今は亡き『暮しの手帖』の創業者、大橋鎭子《おおはししずこ》さんに失礼なことを言う社内の人がいたので、僕は憤慨し、大橋さんに言ったことがあります。

「あんまりです。創業者に対しての敬意がないですよ。もっと怒ってください」

すると大橋さんは、けろっとした顔でこう答えたのです。

「松浦さん、世の中は失礼なことだらけよ。そんなことをいちいち気にしていたら、命がいくつあっても足りないわ」

僕ははっとしました。まだ、プライドを捨てきれていない自分に気づいたのです。かなわないな、と思いました。

プライドを捨てることを教えてくれた名編集者も女性です。男たちは、プライドの捨て方、秘め方を、女性に教わったほうがいいのかもしれません。

泣き方を知っている男

「男の子だから車のおもちゃ」「女の子だからお人形」という決めつけは、時代の移り変わりとともに薄れてきました。「男も女も感情を素直に表すほうがいい」と考える人も多くいます。

それでも、「男の子でしょ、泣いちゃ駄目」というのは、日本中どこでも、長く続いてきた伝統的な躾《しつけ》です。

泣くべきか、泣かざるべきかといえば、男はあまり泣かないほうがいいというのが僕の意見。少なくとも、場をわきまえず、感情のコントロールができずに泣いてしまうというのは、余程のときは別として、男女を問わず、注意すべきことだと思います。

それでも泣かずにいられる人生なんてありません。

だからこそ、すてきな男は泣き方を知っているのかもしれません。

泣いても許されるとき、泣いてもよい場面で泣かないというのも、すてきな男の〝泣く作法〟のひとつです。

とあるお別れの会に出席した際に、故人の親友であった方が挨拶をしました。

「あれだけ親しくしていたのだから、涙をこぼしても仕方がないだろう」

僕はそう思っていましたが、その方は一筋の涙もこぼしませんでした。葬儀やお別れの会という、どんな人でも涙することが許される場面。それでも涙を見せず、静かに自分の役目を果たす。涙をこぼさないその姿から、その方の悲しみと故人を思う気持ちが深く伝わってくるのでした。

友を失う悲しみと悼《いた》み。

月日が流れること、すべてに終わりがあること。そして感謝。

故人を送るにふさわしい、その一言一言に心がこもった挨拶を聞きながら、人の目には映りませんが、すてきな男の泣き方を、僕は学んだような気がしました。

泣かない。涙をこぼさない。という泣き方は、男にとっての礼儀、そして、男にとっての務めであると強く感じたのです。

「年に片頰」

そう教えてくれたのは、バー・ラジオの尾崎浩司《おざきこうじ》さん。僕が尊敬する、すてきな男の一人です。

「男は三年に片頬」という、男の笑い方についての昔ながらの言葉がありますが、尾崎さんは、これを例えにして、男は泣いても、せいぜい一年に一度、片頬に一筋の涙くらいで我慢すると、ひとつの美学を説いてくれました。

何かにつけ、わんわん泣く男は「情にもろい感激屋」などと好意的に受け止められることもありますが、軽んじられたり、鬱陶《うっとう》しいと思われたりすることもあります。少なくとも、その涙で人を動かせるかといったら難しいでしょう。

一方、尾崎さんが言うように、「ここぞ」という場面で片頬に流れる一筋の涙は、言葉以上の力をもちます。

たとえば、自分の力でやれることはすべてやり、それでもどうしようもなくて誰かに助けてもらわなければならないとき。

たとえば、百万の言葉を尽くしても、自分の思いが伝わらないとき。

たとえば、どんな手を使っても相手に訴えたいことがあるとき。

そんな場面においては、涙は言葉以上に雄弁な自己表現になりますし、すてきな男はそんな泣き方を知っています。

一流といわれる人は、泣き方が上手であり、みんなが感動してひれ伏すような涙を流せる人だと聞いたことがありますが、それだけ人を動かす術《すべ》を知っているということでしょう。

誤解なきように付け加えれば、「泣くタイミングを計算しろ」とか「泣く技術をマスターしろ」、ましてや「嘘泣きをしろ」という意味ではありません。

相手に本当にわかってもらいたくて、でも言葉では伝えきれないとき、一生懸命に話しているうちに、自然と涙が頬を伝う――それだけ真摯《しんし》に、ありったけの自分で人と対《たい》峙《じ》する男が魅力的だということです。

何年かに一度、泣かない男の目に一筋だけ、涙が流れる。

それを見たら、心揺さぶられずにいられない気がします。

「真面目」からはみだす男

僕が採用担当の面接官だとしたら、その人はきっと選ばない。

僕が告白されて迷っている女性だとしたら、その人にはたぶんノーと言う。

それは「取り柄《とりえ》は真面目なことです」と言う男です。これはかなり主観的な意見であり、僕の好みに過ぎないのかもしれませんが、真面目一徹という人に、どうも魅力を感じないのです。

ものごとに対する姿勢、生き方、考え方、働き方。どれをとっても竹を割ったように一本気な人がいます。悪いことではなく、むしろ美点ですが、「真面目が取り柄」という男は小さくまとまってしまう気がしています。

真面目が悪いのではなく、真面目なだけ、というのが問題なのでしょう。

「真面目な自分」にしがみついていて、決して枠からはみださない。ルールは必ず守り、礼儀正しく、時間に正確。ミスもしないし、失敗もしない。誰もその人の悪口は言わないし、誰からも嫌われることもない。

こんな人は、逆に言うと枠を超えた仕事はできないし、礼儀や感じよさのその先にある深い人間関係を築きにくいのではないでしょうか。

「人間は真面目が一番」という言葉を聞くと、僕はちょっと違う気がします。

真面目だけで生きていけるのは、せいぜい三〇歳まで。四〇歳を過ぎて、「あの人の取り柄は真面目なことだね」と言われたら、それは褒《ほ》め言葉ではないのではないでしょうか。

人は真面目だけでは成功しません。ベーシックな部分での真面目さは絶対的に必要ですが、大人になるにつれ、真面目からはみだす賢さを身につけ、時に真面目をぶちこわす無茶をやり、自分の器を広げていかねばならない。僕はそう思います。

正常と異常が同居しているのが人間だし、それが魅力です。真面目という基本は大切ですが、いつまでもそれ以上のことができない人は成長が止まってしまいます。

生活感が漂わない男

ときどき、財布の中身まで見えてしまうような人がいます。

奥さんから誕生日にプレゼントされた黒い財布は、郊外のアウトレットで選んだブランド品。五年も使ってくたびれているけれど、まだ使えるから買い替えない。

一円玉も五百円玉もごっちゃに入った小銭入れ。札《さつ》入れには、頼みの綱の一万円札一枚と、千円札が三枚。お札の間には子どもに頼まれたコンビニのアイスクリームのレシートと、チェーンのコーヒーショップの割引券がはさまっている……。

財布を見たわけでもないのに、その人を見るとこんな想像ができてしまうくらい、開けっぴろげな人はいるものです。

悪くはないし、否定もできないし、それはそれで親しみがあります。

しかし、身に着けているものや態度だけで、「財布はこうで、こんな家に住んでいて、タンスの中はこんな感じだろう」と、なにもかも透けて見えてしまうのは、僕としてはちょっと残念な気がします。

ありのままといえば良い響きですが、背伸びもしないし、自分が人からどう見られているかも意識しない。こんな人がすてきな男になるのは難しいでしょう。

開けっぴろげで生活感が漂う人の奥底にあるのは、もしかすると、諦《あきら》めかもしれません。少なくとも野心はない気がします。

野心というと大それたことのように響くかもしれませんが、個としてやり遂げたいことはみな、野心だと僕は思います。

家族からも仕事からも切り離された一人の人間として、やりたいことがある。これはなんとも素晴らしいことだし、野心がある人は個を保っているので、生活感がにじみ出てこないのではないでしょうか。

家に帰ればおじいちゃんやおばあちゃん、子どもも合わせて八人ぐらいで住んでいて、帰りにはスーパーで野菜を買う。それでもまったくそんな雰囲気を感じさせない人も存在します。

勤め人だろうというのはわかるけれど、どういう仕事をしているのか、組織の中でどんなポジションにいるのか、想像できない人も存在します。まるで映画に出てくる諜《ちょう》報《ほう》部員のようにミステリアス。平凡ないでたちのなかに、ただ者ならぬ気配がかすかにある人はすてきです。

生活感が漂わない人とは、おそらく、自立性が高い人たちなのではないか。

このことに気づいたのは、かかりつけの歯科医院でのことです。

僕は歯が痛くなくても定期的にメンテナンスに通っているので、歯科医の先生とは付き合いが長いし、会う頻度も高い相手と言えます。しかし、あるとき診察の合間に訊《き》かれたのです。

「松浦さんは、ご結婚されていますか？」

僕が「していますよ」と答えると、彼は少し意外な顔をして「お子さんは？」と続けました。

「結婚しているし、高校生の女の子がいますよ。毎日家で夕飯を食べています」

尋ねられるままに僕が話すと、「そんなふうには見えませんね」と少し驚いていました。

仕事などで出会う人にも同じことを言ってくる人がいて、最初は「ほめられているのか、けなされているのかわからないな」と感じていました。しかしあるとき、ふと腑に落ちたのです。

僕は毎晩家族そろって夕食、というような暮らしをしているけれど、個の部分も保ち続けている。生活よりも、自分という個性が前に出るような毎日を続けている。そんな自分の人間としての美意識が、なんとなく伝わったのかな、と。

そう考えると、自分のまわりにいた生活感が漂わない人たちも、個を保っているのではないかと感じました。なにか同じ美意識をもつ仲間のようで、少し嬉しくなりました。

危険な匂いはしない。かといって生活感も漂わない。

そんな無臭の男になれたら、すてきです。

欲深い男

ストイックの素晴らしさを、僕はまだ、わからずにいます。

これだけ多様で複雑な世界で暮らしていると、その反動で「ストイックこそ素晴らしい」「シンプルこそ美しい」と言われます。

ストイックとはすべてを削《そ》ぎ落とした完全なる個の自立なのかもしれませんが、僕はまだまだ若輩者で、その段階に達していないのでしょう。

今の僕は、欲深い人が好きです。

真面目なだけの男はつまらないものですが、真面目に欲が加わった男は人をひきつける魅力をもちます。

なぜなら、欲というのは、命に直接つながった部分。

おいしいもの、美しいもの、どきどきするものに欲を抱くのが人間です。

買い物でも食事でも異性であっても、心地よさ、気持ちよさ、心躍るときめきを追求するというのは、人間としてのエネルギーではないでしょうか。

本当においしいものを食べたとき、「ああ、これで自分の細胞がつくられるな」と実感し、臓腑にしみわたる心地がすることがあります。たぶん、本当に深い欲を追い求め、魂で楽しめば、生き物としての滋養になるのではないでしょうか。

欲というのは魔物で、囚《とら》われると失敗します。乗りこなせれば空も飛べそうな名馬も、乗りこなせなければとんでもない暴れ馬で、落馬したら命を落とす。それと同じく欲の力の巨大さは計り知れず、操れるようになるまで時間がかかります。

しかし、欲に囚われて失敗することで、僕らは自制心を学び、自分を律するルールを身につけていきます。

欲を理性で育てて、磨く。入念に手入れしながら奔放《ほんぽう》な欲深さを楽しむ男。なんとも魅力的ではありませんか。

セクシーな男

もしもその身体が、しなやかな柔毛《にこげ》でなくヤマアラシのような針で覆われていたら、猫という動物の運命は違うものになっていたでしょう。

やわらかさがあるから、触れたくなる。さわりたくなる。撫《な》でたくなる。

それは案外、人にも当てはまるもので、男でも女でもやわらかさというのは必要だし、大切なことだと僕は思っています。

やわらかい人には触れたくなるし、もっと相手を知りたくなる。

さらに言えば、その人に自分をさらけ出したくなる気がします。


僕が言うやわらかさとは、物腰、物言い、人間性。そしてやわらかな人間性とは、セクシーであることから醸《かも》し出されると思っています。

生真面目から生まれるセクシーさもあるかもしれませんが、ほとんどのセクシーさは、やわらかさを伴っています。

男も女も、年をとればとるほど、セクシーさが重要になってくる気がします。

若さから生まれるのはセクシーさというより直截《ちょくせつ》的なものではないでしょうか。その人の人となりではなく、生物として備わっているものがありのままに出ているだけのようで、ある種、乱暴でもあります。

セクシーさとは、自分の中で磨いていくもの。

こう考えると、人は幾つになってもセクシーになれるし、仕事でも家庭でも、友人との間でも、どんな場でもセクシーになれると思います。ありふれたことのなかに、官能的な要素を織り込んでいくことが、その人らしさの表れとも言えます。

僕が知っているセクシーな男は、所作が違います。

歩き方、座り方、食事の仕方。水の飲み方ひとつとってもセクシーです。気取っているわけではなく、実にさりげない。それでもすべての所作に感謝の気持ちが込められているのが感じ取れます。

水を飲むときは、水があるという恵みにも、水が飲めるすこやかな身体にも、ありがたさをかみしめている。人に挨拶するとき、セクシーな人は「本当に会えて嬉しい！」と、全身で喜びを表現します。

セクシーな人はまた、乱暴なところがひとつもありません。すべてがやわらかく、なめらか。僕の尊敬するすてきな男は、ごみを捨てるとき、ごみ箱の底にそっとごみを置きます。初めてそれを見たときは、ショックを受けました。

ごみ箱にポンと投げ入れるときは、手からごみが離れる数十センチの空間が生まれます。ぽとんと落とすにしても、一瞬、動作が途切れるのです。しかし彼はそれを「置く」という自分の所作でつなげている——。

おそらく、誰も見ていないところでも、そうしていて、もはや習慣になっているのでしょう。だからコップを置くときも、椅子に座るときも、つねに滑るような美しいセクシーな所作ができるのです。

付け加えれば、ごみ箱のごみを集めてくれる人、ごみ袋に入れて集積所に出してくれる人、それを回収して処理する人のことまで考える思いやりがあるのでしょう。人が集めに来ると思えば、なかなかごみを投げることはできません。

セクシーになるためのトレーニングをしようとは思いませんが、日々で積み重ねができたら、いつかセクシーな男になれるかもしれません。たとえば満員電車の中で見知らぬ人と肩が当たるとき、カチカチではなくやわらかさをもちたい。それは身体と心からうまれるやわらかさであり、こうした意識をもつことが、セクシーさにつながるのではないでしょうか。

男性から好かれる人、信頼される人には、必ずどこかセクシーさがあります。

おそらく男はみな、どこかにほんの少し同性に惹かれる要素があって、スポーツでも仕事でも、「この人のためなら死んでもいい」と思うときに頑張ります。

武士やアウトローたちが、大将のために命を投げ出したのは、理屈抜きに男に惚《ほ》れる部分があったからでしょう。

セクシーさとは、必ずしも性的な話とは限りません。人間としての磁力をもつことにつながる、僕はそう考えています。

人の役に立つ男

感受性、やさしさ、誠実さ、ひたむきさ。

ほかの人がもっていないものをもっているというのは、紛れもなく強みだと思います。たとえ今は認められていなくても、宝物だと思うのです。

ただし宝物は、もっているだけでは宝物にはなりません。

僕がいつも思うのは、「これは世の中の人の役に立つか?」。

世の中の人が求めるもの、誰かを助けられるものを差し出す。それが宝物の最良の使い道であり、使い道が見つからない宝物は輝かない。そんな気がします。

世の中のすべては、人を助け、人の役に立つことで成り立っています。

空腹を満たすことも助けることだし、寂しさを埋めてあげることも助けること。

たとえばスーパーは、両方の役に立っています。

夕飯のおかずを買いにきた人は空腹を満たす何かを、「今日会社で意地悪をされた」という人は心を満たすための何かを探しています。

「今日の自分を助けてくれるのはお豆腐だろうか、お肉だろうか」

夜のコンビニには、ザワザワした気持ちをなだめるのに役立つものを探す人がたくさんいます。

スマートフォンもパソコンも、人を助け、人の役に立っているから、これだけ普及したのでしょう。ある人にとっては「寂しさを埋められる」、ある人にとっては「仕事に便利」と、役立ち方はいろいろですが、人を助けていることは確かです。

人を動かしているものを突き詰めれば、寂しさと恐怖心になります。その弱さを知ったうえで、人を助けてあげられる人。自分の宝物を、人のために役立てることができる人。

宝物を抱きしめているより、「自分という道具の使い道」を探して歩き回っている男のほうが、僕には魅力的に映るのです。

SECTION
3

基本のおとこまえ

一日のリズムをもつ男

人の生涯は、九九%くらいの「いつもの毎日」と、一%くらいの「特別な日」でできているのではないでしょうか。

僕の好きなタイプの男は、人生の九九%を占めるいつもの毎日を大切にしています。規則正しい生活スタイルや独自の習慣をもち、一日のリズムを決めています。

決まった時間に起き、決まった時間に会社に行き、決まった時間に夕飯をとって眠るという具合に僕が一日をルーティン化しているのも、尊敬するすてきな男たちに近づきたいからにほかなりません。

よい習慣をもつと、暮らしが整います。人と向き合えます。仕事の準備にもなります。心と身体のコンディションがよくなります。

わずかな確率でしか訪れないチャンスに気づき、ぱっと飛びつけるように、普段から準備をしておくような感覚です。

一日のリズムを整えるとは、時間を味方につけることでもあります。

限られた時間を、何にどれだけ使うか。慎重に配分するには、最初にふさわしい所要時間を点検しておくことです。

「仕事は早ければ早いほどいい」「効率が大切だ」という意識もありますが、すべてに効率を求めることが正しいとは限りません。急いで恋愛する人などいないように、ゆっくり、丹念に、あえて時間をかけるべきこともあるでしょう。

「念には念を入れても、入れすぎることはない」というプロジェクトに取り組んでいるなら、時間をたっぷりとる工夫をする。

週に一度は好きな人と、仕事以外のおしゃべりをする時間をつくる。

じっくり身体のメンテナンスをする、家族のために何かする、ちゃんと眠るなど、「いくら忙しくてもこれだけは確保しよう」という時間もあるはずです。

点検すると、本来なら時間をかけるべきではないのに、惰性で時間を費やしているという悪習も見つかります。時間の無駄遣いに気づいたら、調整しましょう。

たとえばネットサーフィンのしすぎなら、「一日三〇分まで」と決めてもいい。「残業は一時間まで」と、自分で自分の規則をつくってもいいのです。

何に時間をかけ、何の時間を削減するかを再考しましょう。

いい習慣とは何かを考え、リストアップすることも、一日のリズムづくりに役立ちます。

朝ランニングをする、読書の時間をつくるなど、いい習慣をリストアップしたら、本当にいいかどうか、実際に試してみます。三週間ほどやると、自分に合っているかいないかがわかります。

たとえば、朝走ると調子がいいし、一日のリズムが整うなら、それを新しい習慣として取り入れる。逆に疲れてストレスがたまるようなら、やめる。

僕は今の自分がベストだと思っていないので、いろいろなことを試しています。「コンディションが、もっとよくなる可能性があるんじゃないかな」と可能性を模索しているのです。

最新の習慣は、一日に二回、カフェに行くこと。仕事前と仕事が終わったあとに、コーヒーを飲みながら一息ついています。

僕はお酒も飲まないいし、繁華街に遊びに行くこともありません。味気ないと言えば味気ない、本当に淡々とした毎日を送っています。

だからこそ、「ざわざわしたところで、ぼんやりする時間が必要だな」と思って付け加えた習慣です。会社と家の間、仕事と素の自分の間にワンクッション入れているのです。

習慣は、たとえ気に入っていても変わっていきます。僕にしても、仕事帰りに散歩をしていたこともあるし、人ごみを歩くようにしていたこともあります。今はたまたま場末のカフェですが、また移ろっていくことでしょう。

習慣の先には常に目的があります。仕事に直結する目的もあれば、自分の内面に働きかけるという目的も、人との関係を良くするという目的もあります。

生きている以上、僕ら生身の人間は日々、変化していきます。ときどき自分の今を点検して、習慣そのものを変えることも、一日のリズムをつくるコツです。

挨拶上手な男

挨拶はどんな場面でも大切です。挨拶によって味方を増やすこともできれば、敵から身を守る鎧《よろい》にもなります。

「おはようございます」「こんにちは」

僕の好きなタイプの男は、挨拶ひとつでみんなを心地よくすることができます。そこで僕が工夫している「いい挨拶をする秘訣」を、五つほど挙げてみましょう。

秘訣その一は、鏡の前で練習すること。自分の挨拶を客観的にチェックし、表情、お辞儀の仕方など工夫します。僕は全身が映る姿見を使っています。

秘訣その二は、自分から先に挨拶すること。とにかく人より先に挨拶するということを肝《きも》に銘じています。

たとえば僕は誰よりも早い朝七時に出社し、自分の部屋で仕事をしているのですが、九時過ぎに社員が出社してきたら編集部に出て行って「みなさん、おはようございます」と声をかけることにしています。挨拶によって距離を近づけようとしているのです。すべてのコミュニケーションは距離を縮めることから始まります。

挨拶とはまた、どんな人とでもコミュニケーションをとるチャンス。

仮に僕が新入社員で「社長、一対一でお話ししましょう」と言ったとしても、時間をとってはもらえません。しかし「社長、おはようございます」という挨拶はできるし、これは立派な直接のコミュニケーションです。

自分を覚えてもらい、味方を増やす。日頃から自分から先に挨拶をしていると、いざというときたくさんの人の力を借りられると思います。

秘訣その三は、挨拶に相手の名前をつけること。「○○さん、おはようございます」「○○さん、こんにちは」と名前を呼びながら挨拶する。これはアメリカで覚えた方法で、相手は確実に喜んでくれます。「自分に言ってくれたんだな」としっかり受け止めてもらうことから、あたたかいコミュニケーションが始まります。

秘訣その四は、挨拶にひと言添えること。会社の女性なら、「おはよう。今日もかわいい服を着ているね」でもいいし、取引先の人であれば「こんにちは。気持ちいい天気ですね」でもいい。たとえ社交辞令であっても、その場が和《なご》やかになります。

お店の人であっても、お客さんへの「いらっしゃいませ」に「今日は暑いですね」とひと言添えたら、ぐっと気分が良くなる気がします。ほんの数秒で雰囲気を変えるだけの力が、挨拶にはあるのですから。

秘訣その五は、挨拶代わりにたくさんの「ありがとうございます」を言うこと。お店やタクシーなどでは、「ありがとうございます」はお客さんへの形式的な挨拶となっていますが、客である自分のほうから挨拶するのです。スーパーマーケットでもコンビニエンスストアでも、お店の人が言う前に「ありがとうございます」と頭を下げる。そうすると相手は和《やわ》らぎ、自分は豊かになっていきます。

料理屋などで使う「客ぶりがいい人」という言葉がありますが、お金の使い方が洗練されている、食べ方が気持ちいいといった条件に加え、挨拶も欠かせない要素となっています。

挨拶の大切さは、アメリカに行って英語がしゃべれない頃に学びました。

「みんな僕の存在すら気づいてくれない。相手にしてくれないのはなぜ？」

ずっと考えていたら、挨拶をしていない自分に気がついたのです。

アメリカでは見知らぬ人にも挨拶をする人がたくさんいますが、それは「私は危険人物ではありません」という自己紹介。お店に行って、お客のほうから「ハロー」と言うのは、「何かを盗ろうとするんじゃありません。買い物に来ました」というアピールでもあります。

挨拶は、お互いを認め合う第一歩。その人のコミュニケーションの基礎みたいなところがあります。仲間にはとてもやさしい人だけれど、他人にはいつも知らん顔。僕がもしも女性なら、そんな男は願い下げだと思うのです。

聞き上手な男

「この人から学びたいな、この人は素晴らしいな」

つねづね僕が憧れる男は、基本的な「話の聞き方」が身についています。聞き方といっても、テクニックではありません。

夢中になって話を聞いて、素直に感動する。ただそれだけです。

たとえば面白い話を聞いたとき、「なるほど」のひと言で終わらせない。本当に心から感動し、面白いと思った気持ちを言葉や態度で表現します。

聞き手が夢中になって話を聞いてくれると話し手は嬉しくなり、どんどん話したくなります。自分の話に感動し、喜んでくれる相手だと感じれば、何回でも、もっと面白い話をしてくれるようです。

僕も「感動して聞く」を実践することにしています。

ときどき散歩に行く近所の公園で、偶然に顔を合わせる上品な年配の紳士がいました。なんとなく挨拶するうちに顔見知りになり、世間話をするようになり、ときには犬を遊ばせながら、ベンチに座って話すようになりました。

著名な経営者だと気づいたのは、しばらくたってからです。

桁《けた》外れの経験をしている人だけに、どの話も奥深く、興味が尽きません。

僕は一生懸命聞き、心から感動してしまいました。もともと僕は質問魔なのでどんどん質問し、面白ければ「面白い、面白い！」と手を叩いて笑うほど。

やがてその紳士は、こうおっしゃいました。

「君は聞き上手だから、嬉しくてどんどん話してしまうよ。みんな、仕事の指示は真剣に聞くけれど、普通の話をこんなに聞いてくれる人はいないからね」

僕からすれば、講演会でしか話を聞けないような名経営者が直接、話をしてくれること自体が奇跡です。感動しないはずがないのですが、逆に僕との会話を楽しいと言っていただき、ますます感動してしまいました。

ただ聞いて、感動しているのもいいのですが、もう一段階進めると、感動が広がります。たとえば僕は、彼から聞いた素晴らしい話を自分なりに解釈して、「先日お話してくれたことですが、こういうことでしょうか？」と次に会ったときに尋ねます。さらに教えをもとに自分の本を書いて、それを見ていただくようにしています。

「ヒントをいただいたので、こういう本ができました」

「おかげさまで、『暮しの手帖』のコラムができました」

こんな具合に報告するのです。

すると「私の話に本気で感動し、自分の仕事に生かしてくれたんだな」とさらに喜んでくださいます。

僕にしても、ささやかなお礼もできるし、自分が心から感動した話を、読者や大勢の人にシェアすることができて、より嬉しいのです。

これはあくまで一例ですが、基本の聞き方としては「必ず感想を伝える」という段階まで含めるといいのではないでしょうか。

いい話を聞いたり、貴重なアドバイスをもらったりしても、聞きっぱなしにしてしまうのは失礼です。たとえば、「あの本は素晴らしいよ」と勧められたら、その説明を感動しながら聞き、あとで買い求めて素直に読み、相手に読後の感想を伝えてこそ、「聞く」という行為が完結すると思うのです。

人の話を聞くとは、生身のやりとり。電話やメール、ＳＮＳでは絶対わからない微妙なニュアンスまで感じ取れます。一〇〇の言葉を費やしても伝わらない感動が、笑顔ひとつで通じることはあるものです。

最初は難しいものですが、礼を尽くして手紙を書けば、雲の上の人であっても、いつかは会えると僕は信じています。

その日のために、日々「聞き方」を磨いておくような男になりたいと思います。

尊敬を持って話せる男

言葉遣いや話し方は、人となりをあぶり出します。何を考えているか、相手をどう思っているか、言外に透けて見えるのです。取り繕っても、見抜かれてしまう。誤魔化しても、伝わってしまう。魅力がある男たちはみな、それを知っています。だから言葉を大切にしているのでしょう。

「僕はあなたを、かけがえのない人だと思っている」

恋人でも、友だちでも、子どもでも、ずいぶん年下の部下でも、この気持ちを込めて言葉を発するのが基本です。相手を認めることから、すべての会話を始めるという心がけです。

「自分より立場が下」「自分よりうんと若い」「女の子だ」などと思わず、「僕はあなたを尊敬しているし、認めている」というていねいな話し方を、誰に対してでもする。相手が嫌がる言葉は間違っても使わない。この二つは鉄則です。

タクシーに乗ると、「お金を払う側だよ」という上から目線で、「○○まで行って！」と命令口調で告げ、シートにふんぞり返る人がいますが、せっかくのチャンスを逃しているようで残念です。タクシーの運転手さんを話題豊富な人だと認め、尊重すれば、一〇分足らずの会話でも得るものがあるかもしれません。

「こんにちは、○○までお願いします」とていねいな言葉遣いでお願いすれば、相手もいろいろなことを話してくれます。

意見が対立するような場面であっても、相手を認める原則は変わりません。

結果として話がまとまるかどうかは時と場合によりますが、お互いに認め合って話せば、少なくともベストウエイは見つかります。感情的になり、相手に突っかかったり、自分の力でねじ伏せたりするような会話はタブー。

男女間ならなおのこと、尊重し合い、認め合う会話が、二人のお守りとなるでしょう。

「引く会話」ができる男

言葉というのは、気持ちを伝える道具です。

自分が何か提案をしたい、気持ちを伝えたいというとき、僕たちはたくさんの言葉を費やします。懸命になればなるほど情熱もこもる。口調も熱くなります。

しかし、思いが強くて情熱があれば相手に伝わるかと言えば、違います。押せば押すほど、相手に気持ちが届くと思ったら大間違いです。

人は、押されれば押されるほど押し返したくなります。「わかってほしい！」と勢いで詰め寄られると、逆に受け入れられなくなる心理があります。

「男女の間は押したら引く」と昔から言われていますが、僕は「押しながら引く」というのが望ましい気がしています。

どんなに自分の思いが強くても、どんなに自分の主張をしたくても、相手を慮《おもんぱか》る気持ちをいつも忘れない。言いたいことを言って押しながらも、同時に「引く会話」ができたなら、男として一流なのではないでしょうか。

僕なりの工夫を紹介すると、「どうしてもこの考えを受け入れてほしい」というときは、まず情熱的に〝押す話〟をしますが、同時にこう言っています。「だけど、あくまでもこれは僕の提案だよ。今すぐ決めてもらわなくてもかまわない。よく考えて、適当な時期に返事をくれればいい。これを叩き台にして、君の意見を聞かせてくれてもいい」

つまり〝引く話〟もするということ。相手を尊重すれば自然とできることです。似た者同士が同じ意見で合意していたら、新しいことは生まれません。反対意見を言ってくれるように水を向けることも、お互いの成長のためには重要です。

不思議なもので、引いていけば引いていくほど、相手の気持ちも和らぎ、「あなたの言うとおりにしましょう」となったりします。僕はまだまだその域に達しませんが、押したり引いたり、自在に会話できる男を目指したいものです。

声をコントロールできる男

落ち着いて食事をしようと入ったレストラン。こぢんまりして、音楽もごく控え目で、店の人のものごしも穏やか。テーブルにお皿を置く音もひそやかで、ゆっくり話ができそうです。

でも、居合わせたお客さんの中に、大声で話している人がいたら――すべては台無しです。馬鹿笑いなどされたら、いたたまれなくなります。

前に出て、挨拶を述べることになった会社の朝礼。マイクもなく、ざわついてはいないけれど、ずいぶん後ろのほうまで人がいる。

ここでボソボソと小さな声で話したとしたら――「声の小さい人は出世できない」などと言いますが、ちょっと頼りないな、と思われてしまいます。

いつも大声ではなく、かといって常に小声でもなく。

一流の男は、声のボリュームを使い分けます。その場に応じて音量を調節できる〝コントロールボタン〟がついているようです。

声を出すその先には常に相手がいるのですから、合わせることが大切です。

話の内容によって声の大きさを変える気遣いを、決して忘れてはならない。

これは、伝説のバーテンダーが教えてくれたこと。カウンターで数限りない会話に耳を傾けてきた数十年という歳月に磨かれた、貴重な教えです。

大事な話をするときは小さい声で。重要なこと、深刻なことを、あまり大きい声で言われると無神経に響いて相手がつらいからです。

「さよなら」のような、言いにくい話も小さな声で、耳元で。

逆に楽しい話、明るい話は、場にもよりますが朗《ほが》らかでよく通る大きな声で。

大きな声と小さな声、中くらいの声。

場の雰囲気と相手への聞こえ方を意識しながら自分で使い分けることができれば、思いもいっそう伝わるでしょう。

しゃべりすぎない男

ＮＨＫのラジオ番組に出演するようになったとき、恐ろしかったのは無言でした。桐島《きりしま》かれんさんがパーソナリティを務める「かれんスタイル」という番組のパートナーとして毎回ゲストと話すのですが、「沈黙してしまったらどうしよう」と、怖くてたまりませんでした。

気まずい雰囲気になっても、生放送だから編集できません。最初の頃、僕は不安にまかせて、一生懸命に自分ばかりしゃべっていたのです。

放送後、リスナーから手紙が届きました。

「ゲストの話を聞きたいのに、松浦さんの話ばかりでつまらなかった」

悩みました。ゲストの中には寡黙な人もいて、僕が話さないとあきらかに場がもたないと思える回もあったからです。まず自分が話して、相手に重い口を開いてもらわなければという、使命感のような強迫観念のようなものがありました。

そんな僕を変えたのは、ミーティングの席でのプロデューサーのひと言。

「松浦さん、ちょっと黙っていてみませんか」

会話が途絶え、無言の状態が続いても気にすることはない。相手に話してもらいたいなら自分が黙る。黙っていれば相手のほうから話してくれますよ、と。

勇気を出してアドバイスを試してみると、プロデューサーの言うことは本当だったとわかりました。しゃべりすぎない。ときにはすっと黙る。これこそ基本だと学んだのです。さすがにプロの言うことは違うな、と思いました。


女性にもてる男を観察すると、たいてい無口な人です。女性は「おしゃべりで、面白い人が好き」と言いながら、黙って耳を傾けてくれる人に自分の話をひたすら聞いてもらうのも好きなのではないでしょうか。

「しゃべりすぎない」とは、「口が軽くない」という意味も含まれています。秘密をしまっておくポケットを持っている、そんな大人の男に憧れています。

メールが短い男

手紙とも、電話とも、会話とも違う。メールはそんな使い方がふさわしいと思っています。

メールは短ければ短いほどいい。用件だけ伝える道具なのですから、簡潔であることが一番の作法だと思います。

最近疑問に思うのは、メールに決まってついている署名が必要なのかということ。仕事のメールは特に、名前、会社、電話やメールアドレスなどが必ずついています。メールアドレスから自動的に名前が表示されるのに、毎回、連絡先をすべて付け加えて何の役に立つのかな、と思うこともあります。同様に携帯のメールの最後に「松浦」などと名前を入れるのも、もはや意味がない気がします。

ていねいな日本の習慣が悪いほうに出ているのか、むやみに長文のメールも、読むほうの負担となりかねません。欧米の人とメールでやりとりをすると、びっくりするほど短い。不思議に思っていろいろ人に聞いたり調べたりしたら、欧米では「メールは簡潔に」というのがルール化されているとわかりました。

メールに関連して。いかなるときも携帯やスマートフォンを手に持って歩いている人は、あまりすてきには見えません。鞄《かばん》にしまう暇もなく、常にメールを見たり、何かの情報をチェックしたりしているのかもしれませんが、冷静に考えたら、そこまで火急の用件などないはずです。

メールでいいな、と思うのは、仕事関係であっても「松浦弥太郎様」ではなく、「松浦さん」と会話のように始まるもの。

「松浦さん、こんにちは。お世話になっております」とさりげない会話のように始めるメールは、仰々《ぎょうぎょう》しくもなく、くだけすぎでもない。メールという簡潔なツールにも似合っていて、センスがいいな、と感心します。

身だしなみのいい男

かっこよい大人の男になりたい。そんな人はたくさんいるし、僕もその一人ですが、世の中には確かな〝ものさし〟がありません。

どうやったらかっこよさが測れるかがわからないから、高級な外国車、ハイブランドの服、スイス製の精密時計にイギリス製の洗練された靴といった、〝モノ〟の話に飛んでしまうことはよくあります。

一流品はたしかに素晴らしい。凄みさえあってため息が出るし、僕も大好きで憧れています。しかしモノ以前の「かっこよい大人のスタイル」はあるはずです。

昨今、一流品以上に人気があるものとして、ナチュラル志向があります。「カジュアルにいこう。力を抜いた楽なものが一番だ」という世の中の流れがあると思いますが、少しばかり悪しきアメリカナイズともいえます。

戦前の日本はヨーロッパの影響が強く、旅行には男性はスーツに革靴、帽子を被って出かけました。女性は和装でも洋装でも、精一杯おしゃれをしていました。

ところが第二次世界大戦後はアメリカの影響を強く受け、今では旅といえば短パンにTシャツ。大人になってもベースボールキャップとスニーカーに、デニムが定番。女性の装いも、ずいぶんカジュアルになりました。

それは日常着にもおよんで「とにかく着やすいのが一番」というわけです。

カジュアルな風潮は暮らしにも広がり、電車の中でお化粧していようと何か食べていようと、誰も驚かなくなりました。

僕は三〇年前にアメリカの本屋に行き、「ソファでも床でも、自由に座って本を読んでいいんだ！」と驚き、「いいな！」とさえ思ったのですが、今考えるとそれはアメリカだからというだけのこと。ヨーロッパでは許されないでしょう。

社会的なマナーがゆるくなり、生活までゆるくなっている時代だからこそ、新しい男のダンディズムを考えたい。

明治時代に戻るべきだとは言わないけれど、平成の男のダンディズムを、自分なりに考えていきたい。

そう思って、かっこよい大人の男たちに多くを学んでいるのですが、こと身だしなみに関して言えば、清潔が一番だという結論に至りました。

男というのは女性よりもマニアックであり、こだわりが強いので、ついついモノばかりに目が向いてしまい、基本を疎かにしている人も少なくありません。だからこそ、清潔感をいっそう意識すべきだと思います。

「身だしなみは後ろ姿だ」

これはダンディな大人の男に教えていただいたことです。

正面の姿は気にするけれど、みんな後ろ姿には無頓着。しかし、まわりの人は横顔も、後ろ姿も見ています。「じろじろ見るのは失礼だ」という思いがあるので、正面は遠慮しますが、無防備な後ろ姿のほうがじっくり観察されています。

「髪は正面からより、後ろ姿を見たときに襟足が伸びていないかが大切だ」

そう教えられて、僕は二週間に一回、髪を切りに行くようになりました。

「踵《かかと》が減った靴だけは履くな」

こう教えられてから、靴の底や踵のメンテナンスをし、すり減ったスニーカーは、気に入っていても処分するようになりました。

言われてみればなるほど、駅の階段などで人の後ろ姿を観察すると、靴の踵はとても目立ちます。いくら高価でも、ピカピカに磨いていても、踵が減っていたら台無しです。デートのとき、彼が踵のすり減った靴を履いていたら、女性は残念な気がするのではないでしょうか。

洋服のサイズについては、「前からはごまかせるけれど、後ろ姿ではおかしいとわかってしまう」と教わりました。ズボンの丈も然《しか》りだそうです。

清潔感を保つうえで、指先のメンテナンスも忘れてはなりません。よく洗い、爪を短く切り、ハンドクリームで手入れをするだけでずいぶん違います。

また、かっこよい男たちは、地味だけれど本当にいいものを、大切に手入れをして長く着ています。さりげないから、真夏でも真冬でも着ているものがあまり変わらなく見えるのも特徴です。たぶん、自分の定番の色を決めているのでしょう。

まだまだ彼らのダンディズムにはほど遠い僕ですが、清潔感を保つことだけは、何があっても守ろうと決めています。

姿勢がいい男

人はすてきなもの、美しいものを愛する性質があります。すてきさ、美しさが如実に表れるのは姿勢です。

姿勢が美しいだけで、見る人に大きなインパクトを与えます。

「この人はすてきだな」と感じる理由が最初はよくわからなくても、「ああ、姿勢がいいんだな」と気づくと、後からじわじわ、その魅力が染みてきます。

がに股で、靴を引きずりながら歩いている人と、歩幅を大きく取って背筋を伸ばして静かに歩いている人、どちらと一緒に歩きたいかと聞かれたら、答えは決まっているのではないでしょうか。

愛されたい、好かれたいという気持ちがあるなら、姿勢を美しくすることです。歩き方、立ち方、座り方。正しい姿勢でいるだけで、ずいぶん人に好かれます。

姿勢というのは、自分で意識するのが難しいものです。

しかし、駅のホームで立っている姿を観察しているだけで、その人が気持ちよく元気なのか、疲れて不満を抱いているのかがぼんやり見えてくる気がします。

どこかに力が入っていてはいけません。肩が上がっていてもいけません。片足だけに重心がのっているというのはもってのほか。

人と話しているとき傾いて立っていると、「反対意見がある」とか「この場にいたくない」といった雰囲気をいつのまにか醸し出してしまいます。


自分よりずっと年上の、自分よりはるかに優れた人たちと食事をする機会があると、僕は「どういう姿勢をしているのかな」と観察しています。そのたび、はっとなる発見があって、たいそう勉強になるのです。

たとえば僕はコーヒーを飲みながら、テーブルに腕をのせていることがあります。ちょっとした癖で、重大なマナー違反というわけではありませんが、尊敬する大人の男たちは決してそんな姿勢で座ることはないのです。

椅子には浅く座ります。足や手を組んでいる人は一切いません。たとえカウンターバーであっても、手は膝《ひざ》。正確に言えば腿《もも》の上。

背もたれがないスツールに座っていても背筋はぴしっと伸びており、カウンターに寄りかかってもいない。リラックスしているのに、行儀のいい子どものように、小さくちょこんと座っています。

相手は社会的地位が高い年上の人なのに、一緒にいる若輩者の僕のほうが偉そうにしているようで恥ずかしくなります。

「そうか、テーブルの上に手をのせないというだけで、こんなにも謙虚さを表せるのか」と、大いに学ばせていただきました。

姿勢というのは訓練で、普段から美しい姿勢をしていないと、意味がありません。すてきな大人の男たちは、お茶を習ったり小唄をたしなんだりしているので、作法がきちんと身につき、身体に馴染んでいるようです。

僕はお稽古を始めるまではできていませんが、日常の中で気がついたときには美しい姿勢になるよう心がけています。

たとえば力を抜いて、ふっと手を下ろしたとき、きれいに見える立ち姿かどうかを、鏡の前でチェックする。

さらに、電車に乗って座るとしたらごく小さく。間違っても足を大きく開いたり、後ろに寄りかかったりせず、必ず隣の人に会釈してから座ります。小さな積み重ねが姿勢をつくっていくと、意識し続けることが大切です。

僕の好きな大人の男は、エレベーターに乗るときも「失礼します」と会釈し、実に美しい姿勢ですっと乗り込んでいます。バスを降りるときには「ありがとうございました」と運転手さんにひと言残して立ち去ります。

謙虚と謙譲。公共の場での礼儀作法、立ち居振る舞いが身についていて、そのたび「自分なんかまだまだだ」と思い知らされます。

ことに待っているときの姿勢には、その人の生き方が表れると聞きました。

待ち合わせの場所で、相手がどんな姿勢で立っているか。こんな観察をしてみるのも、すてきな男を見極めるひとつの方法かもしれません。

鏡を見る男

自意識過剰でもなく、ナルシストでもなく、ごく普通のたしなみとして、男はもっと鏡を見るべきだと思っています。

朝、洗面所に行って、髭《ひげ》を剃ったり整髪したり、寝癖を点検したりするだけでは、鏡を見ているうちには入りません。

全身が映る鏡を用意して、自分を観察すること。客観的に見て、自分がどのような姿をしているかをきちんと把握すること。これも一流の男に近づくメンテナンスのうちではないでしょうか。

僕は自分の姿を見るというより、「五〇歳の人間の顔」「五〇歳の男の身体」を生物学者として研究するかのごとく、姿見の前に立ちます。

決していいことばかりではないし、できれば見たくないものも、鏡は遠慮なく本当を映し出します。

若い頃より衰えていく部分は確実にあり、人より劣っていると今さらながら、気がつくこともあります。姿勢に気をつけているはずなのに、背中が丸くなっていると発見したり、肩が下がってきたと驚いたりすることもあります。

清潔を心がけていても、身体が疲れていることで台無しになっていると、がっかりしたり。悩みは尽きませんが、問題に気がつけば対策を講じられるのです。


年をとればとるほど問題は出てくるのに、誰も注意してくれなくなる。これは厳しい現実です。だからこそ、すてきな男になるには家の中に全身が映る鏡をたくさん置いて、自分で確認したほうがいいのではないでしょうか。

言ってみればセルフチェックであり、健康管理。体重計に乗るのと同じこと。

鏡を見ながら挨拶の練習、笑顔の練習、姿勢を正す練習もできるし、服装の確認もできるので、〝一石何鳥〟にもなると言えましょう。

健康管理ができる男

どんな人にとっても、健康管理は一番の仕事です。

健康管理ができていなければ、一流の男にも、仕事ができる男にも、愛する人を幸せにする男にもなれない、そう信じています。

仕事で失敗が多くても、絶対に休まない人は、それだけで信用されます。

僕が健康管理に留意し、早寝早起きを心がけているのは、人一倍能力があるわけではない自分を知っているから。飛び抜けて優秀ではないぶん、自分なりの最高の状態ですべてに向き合うということを、基本の基本にしています。

僕にはたまたま早寝早起きが合っていますが、スタイルは人それぞれ。夜型がいいという人もいるでしょう。

僕が知っている成功した男の共通点は、規則正しい生活をしていること。朝、昼、晩と、食事の時間を固定するのがポイントとなっていて、来客があっても時間が来たら

「失礼」と言って話しながらランチをとる人さえいます。僕はそこまでできませんが、すごいと言われる人たちは、それだけ徹底しているのです。

彼らは、食べるものにも気を遣っています。インスタントやファストフードは避け、会食で食べ過ぎたら翌日節制する。きめ細かく調整しているから、太らず痩《や》せず、年をとるごとに若々しく、変わらずにいられるでしょう。

最近、僕も見習っているのは、お医者さんによく足を運ぶこと。

歯医者にはひんぱんに通いますし、ちょっとでも身体にいつもと違う感じがあれば、すぐ病院へ。治療以前に、不安材料を消しておくという感覚です。

インターネットで検索すれば処方はいろいろ出てくるかもしれませんが、あまりに情報が多いうえに玉石混淆《ぎょくせきこんこう》です。実際に診てもらい、専門家のアドバイスを聞くほうが、正確度、信頼度はぐっと上ではないでしょうか。

自分の身体を過信せず、いつも専門家から情報収集する。そのひたむきさも、健康につながると感じます。

お金をきれいに使う男

お金の使い方ひとつで、気持ちよくスマートに相手を喜ばせる人がいます。彼らは、支払いの仕草で自分をアピールすることすらやってのけます。

〝お金をきれいに使う達人〟といってもいいでしょう。

達人の一人に基本的なお金の作法を教わったのは、僕が三〇歳になったとき。

「タクシーに乗ったら、お釣りはもらわないように」

それまでの僕は十円玉まできちんともらっていましたが、以来、ワンメーターでも細かい端数を置いていくように心がけています。

羽振りのよさを見せつけるということではありません。チップという文化がない日本で、「ありがとうございます」という気持ちを表すための行為です。

チップとは、一番わかりやすい感謝の表れ。チップを出さないぶん、お釣りを受け取らないようにしなさいというのが、達人の教えでした。

「お財布にたくさんの千円札を入れておく」という基本は、多くの達人たちを観察していて学びとったことです。

千円札の用意があれば、たとえば近距離のタクシーに乗ったとき、一万円札や五千円札を出してお釣りを待つ、というかっこ悪いことをせずにすみます。

わずかな距離で大きなお金を出すのは、運転手さんにも迷惑な話。ぱっとお札を置いて「ありがとうございました」と軽やかに立ち去る。これはつねに千円札の用意があってこそ可能となるのです。ワンメーターなのに五千円札を置いて「お釣りはいらない」とやったら、チップにしては多すぎて厭味《いやみ》になります。

大事な人にごちそうするためのとっておきのレストランや上等な料理屋でも、千円札は大活躍します。

達人のやり方に従い、上等な店での支払いの際、僕はカードを使いません。極上の食材は現金で仕入れるので、カードという〝ツケ払い〟は客ぶりとして不親切なのです。

さらに言うと、おいしかったと感謝の気持ちを表したくても、日本のカードの伝票には、外国のようなチップ記入欄がありません。しかし現金払いであれば、お礼の気持ちを込めた志《こころざし》をさらりと出せるのです。

ぽち袋にきれいなお札を入れて志を渡すというやり方は相当に高度ですし、意外に目立ちます。お正月か旅館に泊まったときくらいにしておきましょう。

食事の会計でスマートなのは「一万一〇〇〇円いただきます」と言われたら、一万三〇〇〇円ぐらいのお金を渡すこと。二〇〇〇円程度のチップなら、もらうほうも気が楽です。ここで二万円を渡してしまうと、お店の人は「あっ、千円札をお持ちじゃないんだな」と思うでしょうし、そこで「いえいえ、お釣りはいりません」とやったのでは、粋とは言い難い。チップにしては額が大きすぎて野暮《やぼ》ったいし、お店の人も恐縮してしまいます。

ちょっとした心付けを渡すと、いざというときお店が自分の味方になってくれます。「今日は僕の大切な人を連れていきます」と予約時に告げれば、親身にもてなしてもらえるものです。僕が贔屓《ひいき》にしている店に大切なお客さまを招待したとき、その店の人たちは、特別な手土産まで用意してくれました。

また別のときには、帰りがけに雨が降ってきたからと、わざわざ近くのコンビニエンスストアで、お客さまと僕のために傘を買ってきてくれたこともあります。千円札、五百円玉といったわずかな心付けで、特別な心遣いが生まれたのです。

「一本五〇〇円の傘じゃないか」という損得の話ではありません。自分たちのためにわざわざ新しい傘を用意してくれるような店に連れていくのも、大切な人へのもてなしのうち。お金の達人と言われる男は、男にも女にも好かれるはずです。

個人的な食事であっても領収書をもらう人がいますが、会社の経費と個人のお金を混ぜるのは美しくないこと。

取引先の人と親交を深めるなど、たとえ経費を請求して許されるような場面であっても、人として会っているときは、あえて自分のお金を出す。お金にきれいでいなければ、真心を込めた話が嘘になってしまいます。

「腹が減った」と言わない男

我慢をしている姿は美しい。耐え忍ぶ姿はセクシーです。

大人の男になればなるほど、年をとればとるほど、我慢ができる人間になりたいし、忍耐、我慢こそ一流の男の基本だろうと思います。

普段の生活の中でも、耐えなければいけないことはたくさんありますが、我慢すればするほど、すてきな男に近づけるのではないでしょうか。

些末《さまつ》なことですが、「暑い」「寒い」といちいち言わずに、我慢して普段通りにふるまう。文句を言ったところで夏が終わるわけでも、冬が突然春になるわけでもありません。黙って耐えていたほうが美しく見えます。

「腹が減った」と繰り返し言う人がいると、僕はあきれてしまいます。誰でもおなかはすきますが、わざわざ言うのはわがままだし、なんとも子どもっぽい。大人の男が決して口にしてはいけない言葉のひとつではないでしょうか。

ちょっとした不満。個人的な好き嫌い。こうしたい、ああしたいという欲求。年齢を問わず、誰にでもあるものですが、言葉として表に出すと出さないとでは大きく異なります。ぐっと我慢ができるかどうかが分かれ道となるでしょう。

僕が「すてきだな」と憧れるのは、我慢のその先にある、すべてを肯定する生き方です。

どんなに自分と違う意見を言う人がいても、それが世間の常識から外れたことでも、すべて「ああそうなんだ、なるほど」と受け止める。

もしも否定するとしても、いったん受け止めてから、「これはこういうことじゃないかな?」と静かに教える。

そういう人のところには、好意も知恵も、お金も愛も成功も集まります。

大人の男は、我慢と肯定からつくられるのかもしれません。

SECTION 4

磨くおとこまえ

教養のある男

学問と教養のバランス感覚が優れた人に会うとすてきだなと思います。

そこで、学問とは何かはわかりますが、さて、教養とは一体なんでしょうか？　普段、僕たちは、教養のあるなしという言葉を気軽に使いがちですが、立ち止まって考えてみると、明確に答えられる人は少ないのではないでしょうか。恥ずかしながら僕はまったくわかりませんでした。教養と学問という言葉からすると、かなり大雑把な理解ですが、学校で学ぶことが学問であれば、学校以外で学ぶことが教養であるのかもしれない。そんな稚拙な解釈から、教養という言葉の意味に僕は好奇心を持ち、そしてまた、そんな教養を身につけている人に憧れを抱きました。

まずは自分で考える。いつものようにそう思ったとき、はっとしました。もしや、このわからないこと、もしくは自分が困ったときに、まずは自分で考えるという行為自体が教養ではないのかとひらめいたのです。学問の目的が、知識と方法を知ることであるなら、教養の目的は、起こりうる問題を解決することではなかろうか。学問と教養。それは知ることと解決することであり、どちらも人が一生をかけて学ぶことであるのではなかろうか。そんなふうにあれこれ考えるうちに、僕は膝を打ちました。

教養とは、日々を生き延びるための解決能力である。

僕が考え抜いたひとつの答えはこうです。いかがでしょうか?

この人は教養があるなあ、と感じるときのことを思い出してみると、確かにそうかもしれません。何か起きたとき、慌てず速やかに解決する、方法なり判断に長けた能力を見せられたときにそう思うのです。

みなさんはどんなときに教養を感じますか?

僕は自分が尊敬している、常にリーダーシップを発揮し、社会で活躍している人に接すると、その根に教養を感じます。

教養のある男とは、さまざまな問題をいち早く発見し、真正面から向き合い、速やかに解決していく能力を身につけた男のことです。さらに言えば、学問によって得た知識が、バランスよく備わっていて、そのどちらも常に学び続けることで成長している男は、無敵だろうなあと思うのです。

一生懸命な男

何かに秀でている人かどうかは、わかりにくいものです。秀でている人は引っ張り上げてもらえますが、わかってもらえなければ、そのままになります。

しかし、一生懸命な人かどうかは、非常にわかりやすい。自分を磨くには、たくさんの人の力が必要だから、一生懸命さを見せることで自分から扉を開いて、みんなに助けてもらったほうがいい。一人でできる自分磨きなど、たかが知れていると僕は思います。

一生懸命さを伝える方法としては、たとえば身だしなみ。

よく見れば値段も高いしおしゃれかもしれませんが、Tシャツにデニムでは、一生懸命さは伝わりません。

ジャケットにシャツにネクタイを締める。これはとてもわかりやすい、〝目に見える一生懸命さ〟です。昨日、床屋に行ってきたばかりという髪型、きれいに剃った髭、手入れがゆきとどいた清潔な持ち物も、一生懸命さの表明となります。

まだ若くて、ちゃんとしたスーツをもっていなかったりしても、シャツのボタンを一番上まできちんと留めるだけで伝わる一生懸命さもあるのではないでしょうか。少なくとも、心意気は伝わります。

そういう一生懸命な男はすてきだと思うし、女性も好もしく思うのではないでしょうか。

トイレに入るたびに掃除をするというのも、その人なりの一生懸命さ。次に使う人のことを考え、社会のなかで良きコミュニケーションをとろうという真摯な気持ちが伝わってきます。

一生懸命さがほかの人に伝わる人はどんどん伸びるし、幾つになっても成長していきます。僕が女性だったらそんな男を選びたいし、自分自身、そんな男になりたいと考えています。

「一番いいもの」を見に行く男

審美眼を磨き、美意識を高め、センスを磨きたい。

そう思うのならば、一番いいものを、自分の目で見に行くのが一番です。

たとえ所有できなくても、一番いいものをどれだけ直《じか》に見るかということが大切だと思います。

美術品、建築物、道具、家具、服飾品、車。

一番いいものを実際に見ると、自分の中に〝ものさし〟ができます。そうすると、何を見てもそれがどの程度のものなのかわかるようになっていきます。

骨董品屋では、働きはじめの新人には、これ以上ない一番いいものを見せるそうです。その人が目利きでなければなおのこと、極上の本物を見せ、手に取らせて、価値を教えてくれるのです。一番いいものを見ることを積み重ねると、本物の良さが学べます。偽物に出会うと、「これは違う」とわかるようになります。

これは骨董に限らず、すべてに通じることではないでしょうか。

実際に見て、触れて、嗅いで、生で体験しないと、わかったようでわからない。本で読んだり人に聞いたりした知識は、どこか脆弱《ぜいじゃく》で、まだ筋肉もついていない少年の身体のようなものです。

僕にしても、本で読んだだけでわかったつもりになっていて、実は間違っていたり、勘違いしていたりで、思い返すと冷や汗をかくことが少なからずあります。

書物は必ずしも完璧でないことは事実であり、それを批判するつもりはありません。人間がつくるものには主観も混じれば間違いもあって当然だからです。きちんとした歴史書であっても、まとめた人の主観が必ず混じっています。自分自身で経験し、感じたこととぴったり合致するほうが少ない——そう考えると、インターネットや本では、センスは磨けないとわかります。

自分磨きのために、一流のものをこの目で見に行きましょう。

「背伸びの付き合い」ができる男

一〇代の頃、僕の付き合う相手は、男でも女でも、年上の人ばかりでした。今思うと空恐ろしい部分もありますが、自分を成長させたい、早く高めたいという思いがずいぶん強かったのでしょう。

同世代と付き合っているのは、その場が楽しいだけだと感じていました。友だちであれば、話していて「何のことだろう？」と疑問符だらけになることもなければ、「自分だけが未熟な子どもで、ものを知らなさすぎる」と恥じ入ることもない。居心地がいいし、楽ですが、退屈といえば退屈です。少なくとも、自分を磨くことにはつながらないと悟っていたのかもしれません。

会話に出てくる単語がわからない、行為自体が理解できない。それでも、わからないことだらけの会話が繰り広げられる場に、いつも身を置いていたい。

背伸びをしながら年上の人についていけば、最初はちんぷんかんぷんでも、人の何十倍の速度で慣れたり、吸収したりできることが、僕の唯一の特技でした。

今でも、僕はいつでも自分よりも優れた人、ずっと上の人たちを探して、背伸びをしてつながりをもつ努力をしています。自分よりも優れた人と付き合わない限り、自分は変わっていかないのですから。

「この人は、将来きっと有望だろうな」という人たち、すでに成功して自分より何十倍も優れているような人たちと接点をもち、付き合いながら学ばせていただいています。

優れた人と付き合うといっても、最初は向こうも警戒し、そう簡単に心を開いてくれません。冷たくされて傷つくかもしれないし、恥をかく覚悟もいるし、精神的につらい思いもするでしょう。しかし、そこを乗り越え、突破すれば、豊かな海が広がっているのです。

自分が成長するごとに、付き合う人も変わっていきます。こう言うと冷たく響くし、「今まで付き合っていた人たちを切り捨てるのか！」と誤解する人もいますが、昔なじみとの付き合いは付き合いで変わらず大切に継続し、同時に新しい出会いも求めていくということです。

同じ人たちとの居心地のいいコミュニティから、自分一人だけが抜きん出るということはあり得ません。馴れ合いの人間関係に閉じこもっていて、自分の成長が頭打ちになっていないか、ときどき点検してもいいのではないでしょうか。

僕は意識的に、「この人はすごい!」と思う人たちに自分からアプローチし、なんとかして会いに行くのですが、最初のうちは話をしていても意味がわかりません。頭がよすぎて、話についていけないのです。

「こんな高度なことを言っている人がいるんだ」とびっくりし、自分の知識のなさ、格の違いを痛感する。年齢を問わず、「背伸びをしても全然届かない」という優れた人はたくさんいます。

しかし、わからないという悔しさ、ついていけないというもどかしさが素晴らしい。それによって刺激を受け、なんとか近づこうと背伸びをしているうちに、いつのまにか本当に背が伸びると信じているのです。

「この人は同じ日本語を話しているのか?」と思うほどレベルの高い人と、背伸びをしながら三年ほど付き合い続けると、案外、理解できるようになっています。

さらに僕は、「この人はハイレベルすぎて、自分には理解不能な話をする」と思ったら、その理解不能な話について詳しい別のハイレベルな人を探して、学びにいきます。そうやって多方面で背伸びをすると、歯が立たないような人たちと、だんだん互角に話せるようになったりするのです。

どんな人も、まったくのオリジナルで成長することはありません。ハイレベルな人たちと付き合っていくうちに、彼らも結局は誰かから学んでいるということがわかってきます。人は必ず誰かの影響を受け、必ずいろいろな人に揉《も》まれ、必ずいい部分を吸収し、自分の中で磨いて、自分の力を蓄えているのです。

花ではなく根を見る男

僕が憧れたり、好きだと思ったり、学びたい、お手本にしたいのは、オリジナルな人。組織に属し、家族をもち、みんなと調和していたとしても、どこかで個を保ち、独立した人です。

同じ業界でも、異業種でも、自分よりずっと優れていて、すごいなと思う人は誰なのか、いつもいつも探しています。そんな人はたいてい華やかで、世間は文字通り、〝美しい花の部分〟に注目します。しかし、それはちょっと違うと教えてもらったことがあります。

「花だけを見てわかったつもりになってはいけない」

こう教えてくれたのは、他ならぬ憧れの人でした。

優秀な人、すごい人から何かを学ぼうというとき、その人の輝いている部分だけに注目してはいけないということ。今の成功している部分が花だとすると、そこを見ていても学びはない。「すごいな、素晴らしい」とますますファンになるかもしれませんが、自分自身の成長にはつながらないのです。

学びのヒントや本質はその花を咲かせている根の部分にあるし、そこを見なければ意味がない。隠れている、いや、もしかしたら隠しているかもしれない根の部分をどれだけ見せてもらえるか、教えてもらえるか。

それが本当の人に学ぶ秘訣だと聞いて、僕は膝を打ちました。


根の部分にいきなり踏み込めるわけではありません。たとえば、好きな女性の根の部分を見たいからと、会ってすぐ質問攻めにしたらどうでしょう？

「あなたはどこで生まれたの？　お父さんとお母さんはどんな人で、どんな育ち方をしましたか？」

「生きていく上で、どういうポリシー、どういう理念をもっていますか？」

相手が憧れの人であっても、人生のパートナー候補であったとしても、こんな質問で性急に迫っていったら、遠ざけられてしまうはずです。

花ではなく、根を見せてもらって学ぶ唯一の方法は、礼節を持って、時間をかけること。

効率の追求が絶対ではなく、じっくりと時間をかけるべきこともあると書きましたが、根の部分を知るとは、まさにそれです。

今日会って、今日のうちに「この人はどんな人か」なんて、わからなくて当然。付き合って間もないのに「あなたの根を教えてください」と言ったり、初対面で押し掛けていって「あなたの根を学びたい」と懇願したりするのは乱暴なことです。花ではなく根を見つめながら、じっくりと時間をかけて、少しずつ距離を縮めていきましょう。

その人のことを知りたかったら、何十回でも、わかるまで会って話をしましょう。納得する答えが出るまで、根が見せてもらえるまで、会い続けましょう。

もちろん、ちゃんとした聞き方をし、「この人になら見せてもいい、教えてもいい」と思ってもらえるよう、自分も精一杯努めることです。

ちゃんと聞くことができない人間には、二回目に会うチャンスはもらえないのですから。

一〇回では駄目、三〇回でも駄目、しかしもしかすると、五〇回目で教えてもらえるかもしれません。みんなが一〇〇回会っても近づけなかった根の部分に、もしかしたら一〇一回目で近づけるかもしれません。

花より根は奥深く、その人そのもの。

誰も知らなかった尊い学びと本質が、ひっそりと息づいています。

考える読書をする男

まずは自分でよく考えること。「これぞ自分磨きに不可欠な営み」と位置づけています。

僕が原則としてインターネットの検索をしない理由もそこにあります。たくさんの情報が瞬時に現れれば、僕も生身の人間だから、惑わされます。いくら「気にしない」と思っても気にしてしまうことも多いし、人の意見や感想を気にしすぎると、独立した自分の思考を守れなくなる気がします。

インターネットに限らず、いくら素晴らしくても人の考え方を外から取り入れて、自分の考え方が過分に影響されてしまうのも危険です。自分がすてきだと思った人の何かを真似するのはいいけれど、考え方までは真似をしない。独自の考え方をもちたいし、拙《つたな》くても自分なりの考えで答えを出したいものです。

考える時間をとることは大切ですが、情報の洪水にさらされる今の時代は、人に惑わされず自分の頭で考える時間を確保するのがたいそう難しいのも事実です。

何もない部屋でじっくり考えるというのは、なかなか現実的ではないし、じっと机に座っていても、雑念に惑わされているうちに時間が過ぎてしまいそうです。

そこで、僕のお気に入りの方法は、本を読むこと。

考えごとをしたくなったときに親しみのある本を開き、集中はしているけれど、物語に没入せずに距離感を持った状態で読み進めていると、だんだん頭が覚醒する感じになってきます。本にある言葉が、脳みそのいろいろなところに何かを発信してくれます。そこに書かれた文章や感動する言葉が、自分の〝好奇心の引き出し〟にしまってある何かに触れて、思考が活性化する。そんな感覚です。

本を読んで、顔を上げて、しばらくぼんやり考える。この繰り返しで一、二時間は考えつづけられるのです。今のお気に入りはコナン・ドイルの『シャーロック・ホームズ』とイアン・フレミングの『007』のシリーズ（邦訳：いずれも創元推理文庫）。考えるための読書の友です。

自己投資をする男

多くを得るためには、まず投資をしなければならない。

これはお金の話にとどまらず、人生全般に言えることではないかと思います。

たとえば僕がエッセイの執筆を依頼されたとしたら、それでいくらお金がもらえるかではなく、それに対して自分がどれだけお金と時間とスキルを使うかを、真っ先に考えています。仮に原稿料が一〇万円だとしたら、経費を使わず、まるまる一〇万円手にしてはいけないという意識をもっています。

たとえば、テーマが「僕の好きな本について」なら、取材や資料がなくても書く気になれば書けます。過去の蓄積を使えば、〝経費ゼロ〟にすることも可能なのです。

しかし、僕はそのやり方を選びません。原稿を書くために、あえて自分でお金を出して取材に行ったり、ものを買ったりするようにしています。

ギャランティの幾ばくかは、その仕事のためにまず使い、時間もきちんとかける。そうしないと罰《ばち》が当たりそうだし、クオリティの高い仕事はできません。

点で見たら、「経費を使わず、取材なんかせず、まるまる一〇万円の儲《もう》けにしたほうが得じゃないか」と思う人がいるかもしれませんが、線で見たら、まず自分の懐《ふところ》を痛めたほうが圧倒的に得です。良い仕事をすれば必ず次につながるし、そのぶんいろいろな人が見てくれるから、チャンスも増えるのです。

会社員であっても同じです。たとえ経費にならなくても、まず自分のお金を使う心意気が、雪だるま式に自分を豊かにしていくのではないでしょうか。

「自分のお金を仕事のために使う」自己投資という一線を越えられるか、越えられないか。これもすてきな男になれるかどうかの境目と言えます。

僕にはお金をむやみに使う余裕はないし、使えばいいということでもありません。それでも人間関係や仕事において、自分をもっと成長させ、高めていくためには、常日ごろから自己投資することが大切だと考えています。

いってみれば種蒔きのようなもの。お金という種をすぐに収穫して食べてしまうこともできれば、半分だけ食べて半分は思い切り良く土に蒔くこともできる。その瞬間に食べる量は減りますが、蒔いた種を大切に育てていけば、数年後にはもっとたくさんの種を手にすることができます。

種はまた、どこに蒔いてもいいわけではありません。凍土に蒔いても芽は出ないし、痩せた土地に蒔いては芽吹いても枯れてしまいます。種を蒔く場所すなわち投資先を考えるとき、一番うまくいく確率が高いのは自己投資。宝くじを当てるよりも何千倍も確率が高いのではないでしょうか。

なぜなら、投資の鉄則は、どれだけその投資先について知っているかということですが、自分のことであれば、ほかのことに比べたらよく知っています。おのずと勝率が上がります。

よく知っている自分に何が必要か。これを出発点に、自分に投資していきましょう。「国際的に働きたいのに語学が苦手」なら、語学を習うといったことです。

さらに、僕らは誰でも他人から見たら投資先であるのだと、自覚すべきだと思います。会社は社員に投資をしているし、パートナーを選ぶことは、自分の時間とお金と心を費やすのにふさわしい相手か見極め、投資することでもあります。

相手にとって常に投資価値がある存在でいるためには、シンプルに生きることが一番でしょう。ややこしくてわかりにくいものに人は惹かれないし、クオリティの高いものは決まってシンプルなものです。

振り返ってみると、僕は子どもの頃から一貫して自己投資をしてきました。

本物にしか興味がなかった僕の関心は、すべてクオリティに向けられていました。自分が時間とお金と心を費やせるものを、いつでも探していた気がします。

僕が非常に影響を受けたウォーレン・バフェットは、底値の株を買い、長期投資をすることで知られています。彼のすごいところは、株式チャートを毎日見ないこと。値動きに動じず、自分の考えを大事にするからチャンスをつかめるのです。

投資の神さまことバフェットの愛読書は、野球の神さまことテッド・ウィリアムズの著書『テッド・ウイリアムズのバッティングの科学』（邦訳：ベースボール・マガジン社）。彼も「スコアボードを見るのではなく、グラウンドを見る」という考え方を開示しています。今を見据えることが、良き自己投資のヒントのようです。

チャンスを見極める男

すべては基本から始まります。人としても、仕事の面でも、ジェネラルなことすべてに対応する状態を目指すことが、自分磨きの第一歩。

そのうえで、僕の好きなタイプの男は、自分のポジションを絞り込んでいきます。得意なもの、専門分野は何かを見極め、そんなスイートスポットを磨いて伸ばしていく。

あれもこれも手を出したら、絞り込んだことにはなりません。

「山の中を歩くなら、僕が一番頼りになる」

「音楽の話なら、たいてい答えられる」

こんな絞り込みができたら、自分についてシンプルに説明できます。仕事にしても、同じでしょう。

「私は人に接するのが得意です」

「商品について、本当に詳しく説明ができます」

自分なりに絞って磨いておけば、見る人は見ています。いつか誰かが、ふさわしい役割を与えてくれるので、さらに専門分野として磨かれていくのです。もちろん、自分から「これができます」とわかりやすくアピールすることも忘れずに。

「頼まれたことはなんでも、一生懸命やります」というのは熱心で素晴らしいことですが、基本をマスターしている段階でとるべき姿勢。その先の段階に行ったら、自分で自分のできることを知り、相手にわかるようにはっきり伝えることです。

一番難しいのは、大切な人の役に立つために自分の得意なことは何かを知り、専門分野を絞り込んで磨き、相手に伝えるかということかもしれません。

「おいしい料理をつくってあげる」

「いつも手伝ったりはできないけれど、落ち込んだら何時間でも話を聞くよ」

こんなふうに、相手に役立つ自分の得意をシンプルに差し出せたら、幸福な関係が築けるように思います。

自分の得意分野を磨くと同時に、自分の得意なことを発揮するタイミングを知ることも必要です。つまり、チャンスを見極めるということ。

いつでも「やります！　やります！」と言うのは、授業中、わかっていてもわからなくても「はい！　はい！」と手を挙げる小学生のようなもの。大人であれば、「ここぞ」というチャンスを見極めたいものです。

チャンスを見極めるにはまず、自分を常に整えておくこと。体調が万全でないときは、「見る」ことはできても「観る」ことはできません。あちこち目移りしたり、データに振り回されたりしても、チャンスを見逃すことになります。

ベストコンディションの自分で、今、ここで起きていることに集中する。

チャンスを見極める目をもつとは、これに尽きます。

チャンスを見極めねばならない瞬間は、誰にでも訪れます。野球にたとえるなら、バッターボックスに立ち、来たボールを打つか見送るか見極めるタイミング。

就職、転職、結婚などが、チャンスを見極めるべき重大な場面と言えます。

とくにパートナー選びは誰にとっても大きな決断。

この人のために、自分のずっと磨いてきた得意を役立て、二人でより幸せになるのか。それともこの人は見送り、次に出会う人に自分のありったけを注ぐのか。

男性でも女性でも、人生全体にかかわってくることだといえるでしょう。


本物のチャンスが来ているのに、うまくいかないパターンにはふたつあります。

ひとつは、見逃し三振のごとく、チャンスを見過ごしてしまうこと。

「やっぱり、このチャンスを逃したくない」と後から思っても、すでに手が届かないところに遠ざかっています。

もうひとつは、チャンスに向かってバットを出したのに、思い切れていないこと。

せっかくのチャンスボールも、思い切れずにためらったら、バットの芯で捉えることができません。なんとか打てたとしても、ホームランにはならないのです。

見極めは慎重に。見極めたら大胆に。

そんな決断をするために、日々、自分を磨いておきましょう。

食事のマナーを学ぶ男

すてきなレストランに連れていってくれる男がいい。

そう思う女性はたくさんいますが、どんな人も、最初からもの馴れた振る舞いができるとは限りません。馴れてしまって横柄《おうへい》になる人もいますから、「マナーは常に学ぶもの」という初心、一生懸命さがあればそれが一番ではないでしょうか。

お店に対して、自分の一生懸命さを伝える。おいしければおいしいと言葉にするべきだし、出された器がよければ器をほめるべきだし、気遣いがあれば気遣いに感謝するべきです。そうすることで相手もいろいろ教えてくれます。

わからないことがあれば、お店の人に聞くことです。

「この蟹はどこで獲れるのですか？」

「賀茂茄子《かもなす》と普通の茄子はどう違うんですか？」

そこから会話が広がります。

料理屋やレストランで器がいいなと思ったら、ほめましょう。器をほめれば、次から次へといい器が出てきます。

「ああ、いい器がわかるんだな。じゃあ、これも使ってあげよう」と料理する側も喜んでくれるのです。

高級店でも気軽なチェーン店でも、食事の一番のマナーは、残さないこと。

お皿をきれいに空っぽにできる男は、見ていて気持ちがいいし魅力的です。

温かいものは温かいうちに食べるというのも大前提。和食も洋食も、料理人というのはタイミングにたいそう気を遣っています。一番おいしい状態で食べてもらおうと苦心しているのに、話に夢中で料理が冷えるというのは失礼なものです。

おいしくいただくには、テーブルに置かれた瞬間に箸をつけること。話がしたいのであれば、カフェやバーを選べばいいのですから。

食事のマナーは、連れのためにもお店のためにも、学びたいものです。

おしゃれを楽しむ男

おしゃれは大いに楽しんでいい。それは男性も女性も同じです。おしゃれの冒険はすてきだし、若いうちは冒険して、失敗して、いっぱい恥をかくことも必要です。

「こんな服装をしている自分は、この場にふさわしくなくて恥ずかしいな」今すぐ家に帰りたい。そんな気持ちになる失敗を繰り返すと、どんな服を着て出掛けたらいいか、何が似合って何が自分らしく見えるのか、だんだんとわかってきます。見栄を張って高い服を着てみるのもいい。うんと安い服を試してもいい。着てみたらまわりからどう見られるかを、自分で確かめることも勉強です。

少し大人になってきたら、内面と外見のバランスをとることが大切になります。「外見はおしゃれをしているけれど中身は別にどうでもいい」というのは空疎な人ですし、

「いろいろなことを学んで内面を磨いているから服装はどうでもいい」というのは無作法な人です。

自分をちょっと離れたところから見て、客観視するのがおしゃれの秘訣ではないかと僕は思っています。離れたところから、デートに行く自分、仕事に行く自分、家にいる自分を見て、人がどう思うかをイメージし、調整していく。この繰り返しで、だんだんと自分のスタイルができていきます。

もっと大人になったら、おしゃれというのはコミュニケーション能力のひとつになります。もちろん、人それぞれの自己表現であり、美学の表れでもあります。自分の好みや快適さも追求していいと思いますが、その人が社会とどのようにコミュニケーションをとりたいかを表現するものが、大人のおしゃれだと思います。

まわりをあっと驚かせたい、ひたすら目立ちたいというやり方を否定するつもりはありませんが、そんなコミュニケーションばかりする大人はあまりいないのではないでしょうか。この観点に立つと、大人のおしゃれにおいて大切なことは気を遣うこと。相手のために装うことです。

たとえば「外に一歩も出ない休日だから、寝間着のままでいい」という人は、家族に対してぞんざいなコミュニケーションをとっているということ。家族によって、「気を遣わなくていい」と受け止める人もいれば、「だらしなくていやだ」と受け止める人もいるでしょう。人それぞれだと思いますが、「家の中にいる自分」にも自分なりのふさわしさと、家族への気遣いがある男が僕はすてきだなと思います。

コミュニケーションとは、自分の気持ちを表すことでもあります。

高級店にデニムとビーチサンダルで行ったら、そのお店のことを馬鹿にしているという態度の表明になりますし、人に会うのにあまりにもカジュアルな格好をしていけば、「あなたには、たいして敬意をもっていませんよ」と言葉にしているようなものです。たとえレアなヴィンテージものであっても破れたデニムはいただけないし、たとえ数十万円もする高級ブランドであってもチェーンをじゃらじゃら巻くというのは、オフィシャルな場の大人の男には似合いません。

自分のスタイルを主張するのなら、もっと違うやり方があるのではないかな、という気がします。

「おしゃれだな」と僕が思うタイプの男は、あのとき何を着ていたか思い出せない人。不快でもなく、目立ってもいない。いつも同じような服装をしていて、すっと場に溶け込んでしまう。フォーマルな場でもプライベートな場でも、印象が変わらないという自然な着こなしこそ、おしゃれだなと思います。

スタイリストの原由美子《はらゆみこ》さんは、「その場所その場所で自分だけ目立ったりしない服を考えることがおしゃれではないか」という主旨のことをおっしゃっていましたが、さすがだと感じました。

目立たないというのは案外難しくて、安物は目立つし、高級品は目立つし、清潔でないもの、ボロボロのものは目立ちます。

一〇〇〇円のシャツを着ていても、三万円のシャツを着ていても、しっくりとして目立たない。そんなおしゃれができる男が、僕の好きなタイプです。

センスの勉強をする男

「なぜ、そんなにセンスがいいんですか？」

すてきな人にこう尋ねるとたいてい「昔はセンスが悪かった」という答えが返ってきます。みんなに馬鹿にされるぐらいセンスが悪かったから、まわりのおしゃれな人をじっくり観察した。「いいな」と思うことをどんどん真似して確かめていった。そうしたら、いつの間にか自分は変わっていたという話です。

センスがよくなるには、「センスがよくなりたい」と思うのが出発点。

「自分はセンスが悪い」と気がついている人は、センスがよくなる素地があります。

「俺はこれでいいんだよ」と言ってしまったら、そこでおしまい。成長は止まってしまいます。センスに限らず、ふんぞり返ってしまった人は、進歩できなくなるでしょう。

僕の知っている雑誌の編集長は、若い頃にはファッションに無頓着でした。仕事は実力の世界だから、自分の内面を磨けばいいと思っていたのです。

ところがあるとき、壁に突き当たりました。ある程度より先になかなか行けない。もどかしさに悩み、自分に欠けているものは何かと思ったとき、彼は「ダサい服装が自分の足枷《あしかせ》になっている」と気づいたそうです。

彼は非常に素直な人なので、センスの勉強をしました。無理をしてお金を使い、ハイブランドのブランドものを着て、鞄も靴も変えました。

最初は大いに笑われます。「ダサいやつが頑張っちゃって」と馬鹿にされましたが、彼はそれも承知でした。自分で自分を変えていくと決めていたのです。

数年後、彼はセンスのよい人になり、ポジションも上がりました。パリコレにも足を運ぶ今は、まさにおしゃれな人です。四〇歳から勇気をもって学び、イメージチェンジをした彼を、僕はすてきだと思うし、尊敬しています。

センスは天性のものではなく勉強で培《つちか》うものだと、教えてもらった気がします。

「見る」と「観る」の違いを知る男

靴も服も車も時計も、何を身に着けるか、使うかというよりも、どう手入れをしているかが大切です。高価なものではなくてもきちんと手入れされていれば、印象はすこぶるよくなります。逆に、最高級と言われる鞄でも、あたかもショッピングバッグのように使っているのは残念だと思います。

無造作がいつもかっこよいとは限りません。いいものは、きちんときれいに手入れをして使ってこそ輝きます。手入れをすれば手入れをするほどよくなります。また、高価であればいいのかといえば違います。美しいもの、確かなものは、素材がいいものです。

洋服であれば生地。料理であれば材料。人であれば心持ち。素材に興味・関心をもって学ぶことが大切です。

素材を知ってこそ正しい手入れができますし、「素材が何か」ということは、すべてにおいて本質を知るということなのですから。

素材を知るためには、実物を見に行かなくてはなりません。見て、さわって、においをかいで、実感することが大事です。

レオナルド・ダ・ヴィンチの「モナ・リザ」を印刷物や画像で見ている人は世の中にたくさんいますが、現物を見たことがなければ、あの小さな絵に潜む本当の美しさはわかりません。人の場合は、大勢で会っていてもわからないことが、一対一で向き合うと見えてきたりします。

素材を知るとは、観察力を磨く練習です。表面的なものを見てどうこうではなく、そのものに隠されている本質を見つけるというプロセスです。

僕がすてきだなと思う男は、「見る」と「観る」の違いを知っています。

なんとなく「見る」というのではなく、能動的に「観る」。隠れているよいところ、隠れている秘密を見つけられれば、どう付き合えばよいかもわかってきます。

手紙が書ける男

手紙を書くということは、とても大事だと考えています。メールがどんどん当たり前になって、お互いに気が楽ともいえますが、僕の好きなタイプの男は、心を込めた手紙を書ける人です。男同士でも、男女であっても、手紙でやりとりできる相手がいるというのはすてきなことです。

手紙でやりとりするとは、形に残るコミュニケーションをするということ。マナーを守り、節度をもった関係でなければ成立しません。手紙は会話と異なり、「わかったつもり」は通用しませんし、「あれってそんな感じ」などという曖昧《あいまい》な表現でつなぐこともできません。自分の考え方や意見、相手に伝えたいことを整理してしっかりと書く。このやりとりができる一対一の人間関係が手紙であり、素晴らしいものだと僕は思います。

そもそも手紙を書くという手間のかかる行為は、相手に対して愛情がなければできません。

すべての用件を手紙にすることはできませんが、お礼や季節の挨拶は手紙の趣《おもむき》によく合います。特に季節の挨拶は、はがきであれば書くほうも気負わずに書けますし、受け取るほうも気楽です。

便箋は、男性であれば、かわいらしい柄物よりも無地がいい。同じ無地でも品のある無地とそうではない無地というのがあり、どこにでも売っているような便箋だと線入りのコピー紙のようで、味気ない気もします。何かしら選んで自分の定番をつくるといいでしょう。

僕は尊敬するある男性と何十年も手紙のやりとりをしているのですが、彼から来るのは必ずブルーの便箋にブルーの封筒。ひと目で「あっ、あの人からだ」とわかります。変わらない定番をもてば、それが自分のスタイルになります。

拝啓から始まって、季節の挨拶を書くという手紙の定型はひとつのフォーマットとして知っておくべきだと思うし、とても役に立つと思いますが、普段の手紙のやりとりであれば必ずしも必要ではありません。

大切なのは自分の言葉で書くこと。形式どおりでなくても、たとえ文法的におかしくても、普段の言葉で書くほうが気持ちは伝わるし、大事な気がします。

画家の安野光雅《あんのみつまさ》さんに仕事のお願いをしたときのこと。体調が優れないことを理由にていねいなお断りの電話をいただき、こちらも納得しました。おいそれと頼めるような方ではないうえにご高齢ですし、仕方ないと思っていたのです。

ところが数日後、はがきが届きました。安野さんからでした。

本当に安野さんらしい字で、拝啓も何もなく、断ったことへの詫《わ》びの言葉が簡潔に記されており、こう付け加えてありました。

「お声をかけていただいて、本当に嬉しく思いました。ありがとう」

たった六行か七行ほどで、安野さんが僕の横に来てぽんと肩を叩き、ささやいてくれたくらいに、近く近く、心が伝わってきました。こんな見事な手紙をいただいたことが光栄だし、いつかこんな手紙を書けたら、と夢見ています。

手紙を書くなら、字がうまいほうがいいのです。手紙以外にも、芳名録、冠婚葬祭での記帳、美しい文字を書けたら、という場面はたくさんあります。

書は教養の表れです。美しい字であれば、「△時□分、○○さんから電話がありました」という机の上に置かれたメモでも感心し、惚れ惚れしてしまいます。

尊敬する大人の男たちに話を聞くと、字を習うことは必須項目のようで、大人になってから習字にいくという人がたくさんいます。

僕は自分の字が好きではないし、「下手だなあ」とため息しきりです。いつか書道を習いにいこうと思っていますが、目下、自分なりに注意していることは二つ。

ゆっくりと書くこと。筆圧をかけないこと。

この意識をもって一文字一文字ていねいに書くと、下手でも印象がよくなります。はねと止めをきちんとすることだけでも、印象が変わります。

手紙も訓練なので、まめに書くことも大切です。いつか、もっとすてきな手紙を書けるようになりたいと願いながら。

「のびしろ」がある男

今、脚光を浴びて評価されているものではなく、誰も注目していないものを見つけたい。下手をすれば捨てられているようなものに目を向け、価値を見出したい。

僕はいつもそう考えてきました。

みんなが「いいな」と思うものに投資をしても、自分にまわってくる配当はわずかです。しかし、みんながごみだと思っているものを拾い上げ、磨き、価値ある宝物に育て上げたら、利益も大きいし、なにより自分が嬉しいのです。

ものでも人でも、今の輝きより未来の輝きの可能性に対して目を向けたい。

成功している人より、のびしろのある人でいたいし、そういう人を応援したい。

僕のこんな考えは、もしかすると、女性が男性を選ぶときにもあてはまることかもしれません。

結果ではなく、今起きていることを見ることが大切です。

客観的な評価ではなく、自分の目で見、自分の頭で考え、自分が感じたことを信じることが重要です。

良きパートナーの条件を挙げ、チェックリストを埋めるように「この人は○○だから素晴らしい」というのではなく、自分の思いを信じる。そしてその人の根が上質かどうかをよく見ること。「条件を満たしているかどうか」で見ると、本質を外してしまう気がします。

今起きていることを見ると同時に、未来に思いを馳せることも大切です。

教養がある男もすてきですが、教養はあまりないけれど、学び続ける男はもっとすてきです。人並み以上の教養があっても、「まだ、ここが足りない」と見つけて、さらに自分を磨く男はもっともっとすてきです。

日々好奇心をもち、自分を下支えするベースを深掘りする努力を忘れない。

そんな学びができる男が、のびしろのある男であり、僕がすてきだと思うタイプの男です。自分自身も、そんな男でありたいと願っています。

女性を愛する男

一般的な感覚として、男であれば女性を愛するのは当たり前と思われるでしょう。しかし、女性を好きになる男はいくらでもたくさんいるけれど、女性を愛する男はどのくらいいるのかなと、ときたま僕は考えるのです。

女性を愛する男は、人間として、本当にすてきだなあと心底思います。

先ほど女性を好きになる男はいくらでもいると書きましたが、それは、異性としての興味であったり、本能としての欲望があったり、所有もしくは征服することによる満足感のような感情も含まれているようにも考えます。とはいうものの、そんなに深く考えずに、純粋に好きだから、それでいいという思いもあるでしょう。

縁があって出会い、自然な成り行きで結婚し、家庭を築き子どもを授かり、人生を共にする人たちが多いものの、今では熟年離婚も少なくありません。熟年離婚という言葉を見ると、きっと夫は、妻という女性を愛していなかったのだろうなと僕は思うのです。もちろん、その逆もあるでしょう。

僕が何を言いたいのかと言うと、人が人を愛するというのは、とても難しいことなんだということです。なぜなら、人はまず自分を愛することだけで精一杯だからです。それなら、人を愛するとは、どういうことでしょうか?

人を愛するとは、その人を生かすということです。決して自分の人生の犠牲にするのではなく、その人が持って生まれた、人生という大空を、その人らしく自由にのびのびと羽ばたくために、助け、はげまし、いたわり、守り、尽くすことです。

すてきな男は、女性を愛するということが何かを知っています。決してよしよしとかわいがることを愛することだなどと勘違いをしていません。

もしあなたがパートナーとの関係に迷っているなら、勇気を振り絞って、こう聞いてみたらいかがでしょうか?

「人を愛することって、どういうことだと思う?」と。

わからずも、きちんと答えようとする姿勢があれば、きっと大丈夫です。

すてきな男――文庫版あとがきにかえて

季節は僕たちに、いろいろなサインを送ってきます。

たとえば、空の高さ。空の色。空気のやわらかさ。

たとえば、花屋さんに並ぶ花。街路樹。ベランダで育てているハーブ。

野菜売り場のブロッコリーが、かたく締まった冬のブロッコリーから、茎までやわらかい春ブロッコリーに変わって、季節の変わり目を感じることもあります。

服もたぶん、そのひとつで、「あれっ」と感じる瞬間がやってきます。

たとえば、冬の間じゅうずっと、なんとも頼もしい相棒であったメリノウールのダッフルコート。

身体に心地よく、なによりも暖かく、どんなつめたい風の日も、心がかじかんでしまうようなつらい日も、包み込んでくれたコートです。

深くてきれいなネイビーもたいそう気に入っていたのに、ある日突然、「あれっ」と感じるときがやってきます。

その違和感に気がついてしまったら、もう袖を通せません。

セーター一枚で出かけてみよう。

あかるいグレーのジャケットを着てみよう。

そんなふうに違う季節の服へと、気持ちが移っていきます。

冬から春の場合、最初はちょっと寒くて、やせ我慢です。風が吹く夜など、「ああ、寒い！」と思いはするけれど、ダッフルコートに戻ろうとは思いません。

だんだんと、春の服が馴染んで、「あたらしい当たり前」になっていきます。

これは服の話ですが、このところしきりに、「人も同じではないだろうか」という気がしています。

ずっと同じでいること、一途であること、ひとつの道を貫くこと。

これこそすてきな男の条件だと思っていた頃もありましたが、今の僕は、いささか違和感を覚えはじめました。

「これぞ、すてきな男」というひとつの定義にこだわって、それに固執する姿は、すてきな男から程遠いのではないかと思うようになったのです。

「これぞ、自分らしさ」というひとつの思い込みにとらわれて、そこから抜け出せずにいる姿も、すてきな男とは違うと感じています。


人は変わる。変わるのが自然です。

季節が変わればコートを脱いでジャケットを羽織ってみるように、変われる男こそ、すてきな男ではないでしょうか。

ときにはずっとこだわってきた「自分らしさ」の定義を放り投げ、ゼロから自分をあたらしくつくりなおしていく。

そんな勇気ある者こそ、すてきな男ではないでしょうか。

そんな潔さのある者こそ、すてきな男ではないでしょうか。

「自分らしさはいらない」と言える者こそ、すてきな男ではないでしょうか。

＊＊＊

僕は絵が好きで、モダンアートもインプレッションも古典も日本画も眺めて楽しみますが、大家《たいか》といわれる画家も、画風に変遷があることがほとんどです。

画家というのは、個性の強い「自分らしさの塊」のように思えます。しかし、彼らもさまざまな影響を受けて、変わっているのです。

たとえば「シュールレアリスムの父」と言われるジョルジョ・デ・キリコは、若い頃、哲学者のニーチェの影響を受けたと言われています。

現実を超えるもの、神秘的なもの、謎めいたもの。

「不思議」に強く惹かれるデ・キリコの作品を、お好きな方も多いでしょう。心が迷路にはいり込んだような不思議な作品をたくさん残しています。

彼は、ルネ・マグリットやサルバドール・ダリといった、やはり不思議な作品を描く画家たちに影響を与えています。

ところが大家となったあと、デ・キリコは突然、古典的な絵画を描き始めます。まるで中世の名画のような、ごくオーソドックスな絵です。

シュールレアリストたちに「いったい、どうしたんですか？　あなたらしくない」と言われても耳を貸さず、仲間と決別宣言までしています。

そして晩年になると、再び不思議な作品を描き始め、九〇歳で亡くなるまでそれは続きました。

彼がなぜそのようなことをしたかは諸説ありますが、僕が思うのは、「生涯現役であったからだ」ということです。

パブロ・ピカソも青の時代、バラ色の時代、キュビスム、切り絵と画風が変わり続けたことで知られていますが、彼もまた九一歳で亡くなるまで現役の画家でした。

今までの自分より成長したいと願う人は、自分らしさにこだわらない。

今日より明日をよりよくしたいと願う人は、永遠に変わり続ける。

すてきな男になりたいと願う人は、自分らしさを捨てることができる。

つらつらとこんなことを考えながら、改めて自分が書いたこの本を読んでいると、ちょっと嬉しくなりました。

自分らしさなどもたず、自由にどんどん変わっていっていい。いや、変わったほうがいいのなら、ここに挙げたようなさまざまな「すてきな男」に、これからいくらでもなれるという希望がわいてきたのです。

季節ごとに服を取り替えるように、そのときどきで、いろいろなすてきな男になれる。

また年齢ごとに、さまざまなすてきな男になれるということです。

あるときは、甘えない男に。

あるときは、家族を大切にする男に。

あるときは、一生懸命な男に。

あるときは、セクシーな男に。

あるときは、喧嘩ができる男に。

あるときは、食事のマナーを学ぶ男に。

文庫化にあたって、いろいろな人に手にとっていただけるのであれば、この本がちょっとしたヒントになって、さまざまな「すてきな男」が増えるかもしれません。

そして、さまざまな「すてきな男」とかかわりをもつことで、さまざまな「すてきな女」も増えるかもしれません。

その、たくさんの、さまざまな、いろいろな、つねに変化する彩りが増えれば、きっと世界は美しくなる……。

こんなだいそれた望みを空想していると、僕はなんだか笑顔になってしまいます。

さあ、あなたは今日、どんなふうに変わりますか？

昨日とも明日とも違う今日を、どんなふうに過ごしますか？

すてきな男と、すてきな女にとって、すてきな一日になりますように。

二〇一七年　春

松浦弥太郎

本文デザイン　櫻井 久
編集協力　青木由美子
帯写真　森 清

松浦弥太郎―「くらしのきほん」主宰／エッセイスト。2006年から「暮しの手帖」編集長を9年間務め、2015年4月から勤めたクックパッド（株）を経て、2017年より新たな挑戦を始める。「正直、親切、笑顔、今日もていねいに」を信条とし、暮らしや仕事における、たのしさや豊かさ、学びについての執筆や活動を続ける。著書多数。雑誌連載、ラジオ出演、講演会を行う。中目黒のセレクトブックストア「COW BOOKS」代表でもある。最新刊は『「自分らしさ」はいらない』（講談社）。

講談社+α文庫 すてきな素《す》敵《てき》論《ろん》

松《まつ》浦《うら》弥《や》太《た》郎《ろう》

2017年4月20日第1刷発行

発行者――――鈴木 哲
発行所――――株式会社 講談社
東京都文京区音羽2-12-21 〒112-8001
電話 編集(03)5395-3522
販売(03)5395-4415
業務(03)5395-3615

デザイン――――鈴木成一デザイン室
カバー印刷――――凸版印刷株式会社
印刷――――慶昌堂印刷株式会社
製本――――株式会社国宝社

落丁本・乱丁本は購入書店名を明記のうえ、小社業務あてにお送りください。
送料は小社負担にてお取り替えします。
なお、この本の内容についてのお問い合わせは
第一事業局企画部「＋α文庫」あてにお願いいたします。
Printed in Japan ISBN978-4-06-281716-5
定価はカバーに表示してあります。

書名	著者	内容	価格	番号
＊読めそうで読めない漢字2000	加納喜光	「豚汁」は「ぶたじる」か「とんじる」か!? ふだん曖昧に読み流している漢字がわかる本!!	913円	B 6-1
つい誰かに話したくなる雑学の本	日本社	なるほど、そうか!! 本当のところを正しく知るのはこんなに楽しく面白い。話のタネ本	854円	B 13-2
日常会話なのに辞書にのっていない英語の本	松本薫 J・ユンカーマン	簡単な英語の中にも想像を絶する意味の言葉が沢山! 知らないと生命を落とすことも!	580円	B 19-2
アメリカの子供が「英語を覚える」101の法則	松香洋子	たったこれだけの法則を覚えれば、母国語のように正しくきれいな発音が身につけられる	700円	B 31-1
英語コンプレックスの正体	中島義道	これで英語が苦ではなくなる。受験英語の秀才がコンプレックスから脱するまでの物語	630円	B 33-2
他流試合——俳句入門真剣勝負!	金子兜太 いとうせいこう	俳句を愉しむ術を得ようと、俳句界の巨人に年齢差42歳の人気作家、クリエイターが挑む!	890円	B 35-2

＊印は書き下ろし・オリジナル作品

表示価格はすべて本体価格(税別)です。本体価格は変更することがあります